Chronicle of Napoleon Hill

기적을 만드는 사람
나폴레온 힐

기적을 만드는 사람

나폴레온 힐

펴낸날 2021년 5월 7일

지은이 정형권
펴낸이 주계수 | **편집책임** 이슬기 | **꾸민이** 이슬기

펴낸곳 밥북 | **출판등록** 제 2014-000085 호
주소 서울시 마포구 양화로 59 화승리버스텔 303호
전화 02-6925-0370 | **팩스** 02-6925-0380
홈페이지 www.bobbook.co.kr | **이메일** bobbook@hanmail.net

© 정형권, 2021.
ISBN 979-11-5858-778-9 (03190)

The Chronicle of Napoleon Hill

기적을 만드는 사람
나폴레온 힐

정형권 엮음

"성공철학의 거장 나폴레온 힐 일대기"
"성공철학은 어떻게 완성되었는가?"

밥북
B·O·O·K

많은 사람이 그랬듯 나도 인생의 전환점에서 나폴레온 힐을 만났다. 삶의 막다른 골목에서 어디로 가야 할지 몰라 방황하고 있을 때 나폴레온 힐은 내게 목표와 열정으로 무장하여 앞으로 나아가라고 했다. 마음이 약해지고 의욕이 떨어질 때 그의 책을 읽으면 마음이 하나로 집중되고 의욕이 솟아났다.

그는 평생 성공철학을 완성하고 보급하는 일에 모든 것을 쏟아부었다. 덕분에 수많은 사람이 고통과 어둠에서 벗어나 성공과 부의 길에 들어설 수 있었다. 하지만 그의 성공철학은 사람들을 부자로 만드는 데 목적이 있는 것만은 아니었다. 물질과 정신의 균형적 성장을 통해 마음의 평화와 안식을 얻도록 하는 것이 궁극적인 목표였다.

인생에서 좌절과 실패는 그림자처럼 우리를 따라온다. 노력만 한다고 일이 해결되는 것은 아니다. 우리에게는 주기적으로 정신과 마음의 충전이 필요하다. 그렇지 않으면 아무리 열심히 일한다고 해도 금방 지치고 무기력해지고 말 것이다. 나폴레온 힐의 성공철학은 우리의 마음과 영혼에 적절한 에너지를 충전해 생기를 불어넣는다. 인생에서 몇 번은 겪게 되는 실패와 좌절을 극복하는 데 나폴레온 힐의 성공철학은 훌륭한 버팀목이자 전진의 디딤돌이 될 것이다.

나폴레온 힐의 주요 저작은 국내외에 이미 많이 출간되어 있다. 그런데 그의 성공철학은 어느 날 갑자기 완성된 것이 아니고 배움의 과정에서 영글어 갔으므로 그 과정을 함께 탐색하며 느끼는 것이 성공철학을 온전히 이해하는 데 도움이 되리라 판단하였다.

성공철학이 씨 뿌려지고 결실하기까지 중요한 의미가 있는 것들 위주로 배치하고 소설적 요소를 가미하였다. 소설 형식이라 하더라도 실제 사건과 내용에 근접하도록 노력하였다. 하지만 책에 나온 예화들은 실제와 다른 부분이 있으므로 오해하는 일은 없어야겠다.

나폴레온 힐의 어린 시절부터 생애 막바지까지 그의 삶을 돌아보고 정리하는 과정은 보람되고 많은 배움의 시간이 됐다. 힐은 인간의 성공은 마음의 힘과 깊은 연관이 있음을 깨닫고 어떻게 내면을 개발할 것인가에 연구를 집중했다. 고난에 처할수록 내면을 들여다보고 거기서 힘과 지혜를 얻어야 함을 알 수 있다.

이제 여러분은 가난한 한 시골 마을의 애송이 꼬마가 어떻게 성공철학자로 변모하게 되는지 한 편의 드라마를 보게 될 것이다. 그리고 읽으면서 자연스럽게 성공철학의 핵심이 당신의 마음과 영혼에 스며들게 될 것이다.

이 책이 여러분 인생의 또 다른 전환점이 되기를 기원하며.

엮은이 정형권

·· List ··

6장 나폴레온 힐 매거진

7장 마법의 사다리

1장

탄생과 유년시절

성공철학 완성을 향한 여정

나에게 지난 세월은 하나의 주제를 향해 달려온 시간이었다. '인간의 성공과 실패를 연구하여 모든 사람에게 적용할 수 있는 성공원리를 체계적으로 정리하여 보급한다!' 나는 이 하나의 명제 아래 움직였다.

내 안에 잠든 거인을 맨 처음 깨운 사람은 새어머니였다. 새어머니는 나의 재능과 장점을 단번에 알아채고는 동네 골칫거리였던 나를 완전히 새사람으로 변모시켰다. 새어머니로 인해 나는 글쓰기를 좋아하게 되었고 작가라는 목표가 생겼다. 가난과 배고픔에 상관하지 않고 목표를 향해 나아가는 기상 또한 어머니에게서 배운 것이다.

만약 새어머니를 만나지 못했더라면 나는 가난의 질곡에서 허우적거리는 가여운 신세를 면하지 못했을 것이다. 어머니는 끊임없이 나의 내면에 자극을 주었다. 인간에게 적절한 자극을 주어 동기를 부여하면 아무리 어려운 환경에 있더라도 그것을 극복하고 누구도 예상하지 못한 큰일을 해낼 수 있음을 어머니를 통해 알게 되었다.

20대 초 신출내기 기자였던 나는 새어머니의 만남에 버금가는 큰 사건과 마주하게 되는데 바로 철강왕 앤드루 카네기와 인터뷰였다. 그때 그에게서 내 마음속 목표와 일치하는 제안을 받았는데, 그것은 성공의 원리를 체계적으로 정리한 '성공철학'을 완성하는 것이었다.

그 후 20여 년간 카네기가 소개해준 500여 명의 명인과 달인을 만나 그들을 인터뷰하여 공통점과 차이점을 분석하여 체계적으로 정리했다. 또 2만여 명의 일반인을 만나 그들의 생활을 분석하고 상담하면서 성공철학의 보편성과 대중성을 가늠하였다.

이 책은 지난 세월 성공철학의 완성을 향한 나의 여정에 대한 기록이다. 이미 나는 다른 책에서 수많은 사람의 사례를 제시하며 성공법칙을 공유하였다. 그래서 이번 책에서는 다른 사람의 사례는 최대한 줄이고 나의 이야기 중심으로 구성하였다.

독자들은 책을 읽으면서 성공철학의 씨앗이 뿌려지고 열매를 맺는 과정을 확인하게 될 것이다. 성공철학의 추수(秋收)는 예기치 못한 상황에서 이뤄졌다. 그것은 클레멘트 스톤과의 만남이 계기가 됐는데 그는 당시 일선에서 은퇴하고 한가롭게 지내던 나를 현역으로 복귀시켰다. 클레멘트 스톤은 대공황기 자신의 기존 판매기록을 갈아치우며 보험업계에서 우뚝 선 전설적인 인물이었다. 스톤과 일한 덕분에 성공철학은 체계화된 프로그램으로 만들어져 많은 사람에게 실질적인 도움을 줄 수 있었고, 나는 인생 후반부를 알차게 마무리할 수 있었다.

현역에서 은퇴하고 사우스캐롤라이나로 돌아온 후 나는 성공철학이 정립된 과정을 한 번은 정리할 필요가 있다고 느꼈다. 독자들이 성공철학에 대해 더 잘 이해하게 될 것이라고 기대했기 때문이다. 이 책은 그러한 결심을 행동으로 옮긴 나의 마지막 작품이다.

독자들이 내가 돌아보는 내 삶의 궤적, 성공철학이 완성되어 가는 과정을 함께 보면서 성공철학의 핵심명제와 마주하게 되기를 기대한다.

3대에 걸친 무지와 가난

1883년 버지니아주 남서 산악지대 와이즈 카운티(Wise County), 외딴 산동네인 이곳은 '반목, 밀수입 술, 무식'이라는 세 가지 문제로 악명 높은 곳이었다. 이곳은 무지와 가난이 대물림되어 3대가 그곳을 한 번도 벗어나지 못한 채 거기서 나고 죽어갔다. 그처럼 척박하고 불법과 미신이 판을 치는, 문명과는 거리가 먼 오지, 그곳이 나의 고향이었다. 그리고 아마 나 역시 그와 비슷한 삶을 살게 될 것이었다.

'나폴레온'이란 내 이름은 돈 많은 숙부의 이름을 딴 것이었다. 아들이 부자가 되기를 간절히 바란 아버지의 마음이 담긴 이름이었다.

마을 강변에 있는 방이 한 칸밖에 없는 통나무 오두막집, 그곳은 우리 집이자 아버지께서 운영하시는 대장간이었다. 시골 대장간은 변변치도 못했고 수입도 별로 없었지만 그래도 부모님은 열심히 일하셨다. 그래봤자 말 한 필, 소 한 필, 그리고 집 한 칸이 재산 전부였다. 집에는 변변한 가구 하나 없이 오직 접었다 펼 수 있는 식탁 겸용 테이블 하나와 침대 매트리스 하나뿐이었다. 심지어 침대 매트리스도 스프링이 아니라 톱밥을 채운 보잘것없는 것이었다.

내 고향은 세 가지 특산물이 있었는데 옥수수로 만든 술과 방울뱀, 나머지 하나는 동네 사람들 간의 싸움이었다. 동네 사람들이 싸우는 모습을 보며 자란 아이들은 자연스레 그것을 흉내 내며 자랐다. 동네 사람들은 모이면 술을 마시거나 도박 아니면 싸움을 했다. 따라서 내 어린 시절도 특별한 것은 없었다.

나는 노는 것을 좋아했고 말썽꾸러기로 동네에서 유명했다. 그러다 8살 때 어머니가 돌아가셨다. 나는 점점 더 문제아가 되어갔다. 집안에서 나를 제어해주는 사람이 없으니 당연한 일이었다.

"나폴레온! 소고삐가 풀려서 마을 사람들이 한바탕 곤욕을 치렀다는데 또 네놈이 그런 거냐!"

"아니에요!"

"거짓말하지 마라!"

"지난번에도 그래놓고 아직도 정신을 못 차린 게냐!"

"정말로 아니에요!"

"이번에는 안 봐준다. 이리 와!"

아버지는 어떤 변명도 들어주지 않은 채 나무몽둥이로 나를 때리기 시작했다.

"흑흑"

"다음부터 또 그랬다간 다리몽둥이를 부러뜨려 버릴 테다."

소가 고삐가 풀려 들판을 돌아다닌다거나 둑이 무너졌다거나 아무 이유도 없이 나무가 베어졌다거나 하면 사람들은 틀림없이 내가 한 짓이라고 생각했다. 사람들이 그런 생각을 하는 데는 그만한 이유가 있었다. 어머니가 일찍 돌아가신 뒤 마음의 평안을 찾지 못한 내가 마음속 불만을 문제행동으로 표출했기 때문이었다. 실제로 고약한 일들을 많이 하고 있었고 아버지를 포함한 동네 사람들 모두는 나를 골칫덩어리로 여겼다.

나에 대한 그러한 평가가 어쩌면 당연하다고 생각했지만 내가 하지 않은 일까지 한 것으로 오해를 받을 때는 억울하고 분한 마음이 들었다. 그런데 한 번 문제아로 낙인이 찍히자 거기서 벗어나기는 쉽지 않았다. 결국은 문제행동을 즐기는 지경까지 이르고 말았다. 사람들이 나에 대해 그렇게 생각한다면 나도 그 기대에 부응해 주리라 마음먹었다.

나는 9살 때 이미 6연발 권총을 능숙하게 다룰 수 있었다. 사람들은 나보고 서부시대 유명한 악당 건맨인 제시 제임스가 다시 태어났다고 말할 정도였다. 그런데 그렇게 사람들로부터 주목을 받자 나는 우쭐한 마음에 더 엇나가기 시작했다. 아버지는 내가 완전 망나니가 돼가고 있다고 걱정했고, 뭔가 변화가 필요하다고 생각했다.

아버지는 독실한 침례교 신자였는데 무조건적이고 맹목적인 신앙이라고 할 정도로 믿음이 대단했다. 그 믿음에는 나 또한 적지 않은 관련이 있기에 일화를 적어 본다.

언제가 내가 장티푸스에 걸린 적이 있었다. 몇 주 동안 누워 있었지만, 병이 호전될 기미가 보이지 않았다. 결국, 나는 혼수상태에 빠졌다. 의사들이 두 번씩이나 진료를 왔지만, 그들도 어떻게 손을 쓸 수가 없었다.

"최선을 다했지만 어쩔 도리가 없군요. 마음의 준비를 하시는 게 좋을 것 같습니다."

의사의 선고는 내가 얼마 못 가 죽을 운명이란 것이었다. 그러자 아버지는 숲으로 갔다. 거기서 무릎을 꿇고 신에게 기도를 올렸다.

"저는 아내가 죽고 아이들과 최선을 다해 살아가고 있습니다. 아직 인생의 경험을 시작도 못 한 어린 아들이 병마와 싸우며 사경을 헤매고 있습니다. 아내를 잃은 지 일 년밖에 안 됐는데 어린 자식과 또 헤어질 수는 없습니다. 부디 은혜를 베푸시어 나폴레온의 병을 낫게 해 주십시오. 비록 많이 배우지는 못했지만, 저의 신앙만큼은 충심으로 가득하다고 자부합니다."

1시간 이상 기도를 하자 아버지는 아들이 나을 수 있다는 확신이 들었다고 한다. 마음의 평화와 안도가 온몸으로 퍼지는 것을 느끼자 아버지는 아들이 나을 거라 확신했고 산에서 내려왔다. 집에 와보니 내가 물을 찾고 있었다고 한다. 불과 몇 시간 전만 해도 사경을 헤매고 있었는데 말이다. 아버지의 간절한 기도 덕분에 나는 목숨을 건질 수 있었다.

이 경험 뒤로 아버지는 더욱 신앙에 의지했고, 망나니 자식도 교회를 통해 변화시켜보려 했으나 그것은 뜻대로 되지 않았다. 아버지는 나 나폴레온에게는 하나님을 대신할 어머니가 필요하다는 것을 절감했다.

새어머니와의 만남

어머니가 돌아가신 지 2년, 내 나이 10살이 되던 해, 대장간 일을 마치고 집으로 돌아온 아버지는 우리 형제들을 불러놓고 선언하듯 말씀하셨다.

"잘 들어라, 애들아. 아버지 곧 재혼한다."

"예?"

"뭐라고요, 아버지?"

"아주 좋은 사람을 만났어. 고맙게도 나의 아내, 너희들의 어머니가 되어주기로 했다. 곧 우리 집에서 함께 살게 될 거야."

"우리 엄마는 하늘나라에 있어요. 새엄마는 필요 없다고요!"

"아니! 너희에겐 새엄마가 필요해. 나에게도 아내가 필요하고. 이미 결정된 일이니 딴소리 말고, 새로 오시는 어머니께 막되게 굴지 말고 잘해야 한다."

청천벽력이었다. 나에게 어머니는 한 분뿐이라고 생각했다. 또 이미 어머니 없이 사는 것이 익숙했다. 어쩌면 바쁜 아빠의 손길이 나에게까지 미치지 않아 생기는 공백과 자유가 좋았는지도 모른다. 그런데 한 번도 본 적 없는 여자와 함께 살게 된다니, 그 사람을 엄마로 여기라니! 도저히 받아들일 수 없었다. 하지만 동생은 속없이 기뻐했다.

기적을 만드는 사람 나폴레온 힐

"형, 새엄마 생기면 좋겠다, 그치? 식사준비나 빨래, 우리가 안 해도 되잖아."

"야, 좋긴 뭐가 좋아? 자기 아들도 아닌데 우리한테 잘해주겠어? 우리 엄마는 돌아가셨어. 난 절대 그 사람을 어머니라고 부르지 않을 거야."

며칠 뒤 점심 식사하러 오신 아버지 뒤를 따라 낯선 여자가 집안으로 들어왔다. 아버지는 우리 형제를 불러 인사를 시켰다. 나는 억지로 고개를 숙였다. 집안을 둘러본 새어머니는 우리의 인사를 받고 반가운 목소리로 말했다.

"반갑구나, 얘들아. 듣던 대로 잘생긴, 씩씩한 형제구나!"

남자 셋 목소리만 울리던 집에 오랜만에 밝은 여자 목소리가 퍼지자 묘한 온기가 느껴졌다.

"흠흠, 이 녀석이 나폴레온이오. 쓸모라곤 없는 개구쟁이라오. 이놈이 당신에게 돌을 던지는 일이 일어나도 우리 마을 사람들은 아무도 놀라지 않을 거요. 그 정도로 둘째가라면 서러워할 골칫덩이라오."

그 전까지 새어머니를 쏘아보던 나의 삐딱한 시선은 아버지를 향했다. 틀린 말은 아니었지만, 새어머니를 처음 보는 자리에서 나를 그렇게 소개하다니, 속이 부글부글 끓었다. 새어머니는 내게 다가와 무릎을 굽혀 내 눈높이에 맞추고는 내 눈을 들여다보며 말했다.

"제일 가는 골칫덩이라고요? 그럴 리가요. 이 아이는 마을에서 제일 똑똑한 아이일 거예요. 이 빛나는 눈을 보면 알 수 있어요. 사람들이 아직 모를 뿐이에요."

나는 당황했다. 새어머니가 틀림없이 아버지의 말에 동조하며 말썽부렸다가는 혼날 줄 알라고 엄포를 놓을 줄 알았다. 새어머니는 자신의 말에 얼이 빠진 듯한 나를 조용히 방으로 데리고 갔다.

"나폴레온이라고 했지? 멋진 이름이구나. 물론 이름에 걸맞게 너도 멋진 아이고. 사람들이 너를 잘못 알고 험담하지만 그건 그들이 실수한 거야. 너는 말썽꾸러기가 아니라 가장 활동적인 아이일 뿐이야. 네가 아직 뚜렷한 관심사와 목표가 없어서 주변에 그래 보였던 거지. 너는 상상력이 풍부하고 창조적인 재능이 많은 아이란다. 나는 사람을 볼 줄 알거든."

처음으로 듣는 다정한 말에 마치 외국어를 접한 기분이었다. 이 얘기는 그동안 내가 아버지나 동네 사람들에게 듣던 이야기와는 전혀 달랐다. 나에게 눈을 맞추고 나를 인정해주는 사람을 처음 만난 것이다. 인정하는 말 몇 마디를 들었을 뿐이지만 다른 세상으로 초대받은 것 같았다. 새어머니와 닿지 않으려 마음속에 세웠던 장벽은 소리 없이 무너졌고, 나도 모르게 눈물이 나려 했다.

짧은 인사를 나누고 돌아갔던 새어머니는 얼마 뒤 세 아이를 데리고 우리 집으로 들어왔다. 일곱 식구가 한가족이 된 것이다. 그 전부터 가난했지만, 아이만 다섯이 되었으니 살림이 더 어려워질 것은 불을 보듯 뻔한 일이었다. 어린 내가 예상하는 일이니 현명한 어머니는 충분히 예상하고도 남을 일이었다.

며칠 동안 집안을 꼼꼼히 살피고 고치며 묵은 청소를 마친 새어머니는 저녁 식탁에 온 가족을 불러 모았다. 식사를 마치자 어머니의 이야기가 시작되었다. 아버지에게 하는 이야기인 줄 알았지만, 그건 우리 모두에게 하는 연설이었고 내가 태어나 처음으로 감동한 연설이었다. 새어머니는 '가난'에 대해 이야기했는데, 그토록 신념과 열정이 담긴 연설은 처음이었다.

"우리가 집이라 부르는 이곳은 우리 삶의 안식처가 돼야 해요. 하지만 지금 이곳은 그러기엔 너무 부족한 곳이에요. 아이들 교육을 위해서도 바람직하지 못한 곳이죠. 우리는 모두 건강한 몸을 가지고 있어요. 우리는 더는 가난을 숙명처럼 받아들여서는 안 돼요. 가난도 하나의 습관이라고 생각하지 않으세요?

현재의 삶을 아무 저항 없이 운명으로 받아들인다면 아이들도 그런 태도를 배울 거예요. 나는 가난을 받아들이고 싶지 않아요. 한 번도 가난이 내 운명이라 생각해 본 적이 없어요. 그것은 앞으로도 마찬가지예요.

무엇을 해야 할지 당장은 알 수 없지만 많은 시간이 걸리고 희생을 치르더라도 아이들이 올바른 교육을 받을 수 있도록 해주고 싶어요. 우리 힘으로 가난에서 벗어나고, 아이들에게도 가난을 극복할 수 있다는 꿈을 키워주고 싶답니다.

가난은 운명이 아니라 일종의 질병과 같아요. 한번 그것이 마음속에 자리 잡으면 여간해서는 거기서 자유로울 수 없거든요. 가난하게 태어난 것을 부끄러워할 필요는 없지만, 평생 가난하게 사는 것은 옳지 못한 것이죠. 우리는 문명의 풍요 속에서 살고 있어요. 우리가 방법을 찾고 기꺼이 가난을 벗어던지려고 애쓴다면 얼마든지 우리에게 기회가 올 거예요.

가난은 우리의 의지를 파괴하고 무기력하게 만들어요. 우리에게서 창조적인 의지를 앗아가고 도전의식을 무너뜨립니다. 게다가 온갖 종류의 두려움에 빠뜨려 정신을 갉아먹고 자존감을 훼손시키죠.

아이들은 아직 어려서 가난에 체념하고 숙명처럼 받아들이는 태도가 얼마나 위험한지 몰라요. 나는 그런 생각이 얼마나 삶을 파괴할 수 있는지 깨닫게 해주고 싶어요. 그리고 가난한 사람도 얼마든지 부자가 될 수 있다는 것을 알려줄 거예요. 부와 풍요를 원한다면 거기에 맞는 대가를 치러야 한다는 것도 깨닫게 해줄 거예요."

새어머니는 뛰어난 연설가였고, 말만 하며 실천하지 않는 위선자도 아니었다. 어머니는 아버지와 다섯 아이의 생각과 태도를 긍정적으로 바꾸는 노력을 멈추지 않으셨고 우리가 자기 자신을 신뢰하게 함으로써 동기를 유발하도록 이끌어주셨다. 이에 관한 한 어머니는 천재였다. 많은 부모가 자녀의 잘못된 행동을 꾸짖음으로써 변화시키려 한다. 하지만 그런 시도는 실패할 확률이 높을뿐더러 자녀들의 반항심까지 불러일으킨다. 꾸지람과 질책으로는 아이의 마음속에 변화하려는 열망의 불꽃을 피우지 못하기 때문이다.

어느 일요일 아침에 나는 이 같은 사실을 절절히 깨닫게 되었다. 독실한 아버지 덕에 나는 주일이면 항상 교회에 나가야 했다. 5~6시간 계속되는 목사님의 설교를 들으며 대체 왜 주일마다 매번 같은 설교를 들으러 교회에 가야 하나 싶었다.

"그래 이제 목사님 말을 달달 외울 정도인데 하루 정도 빠지면 어때?"

그렇게 나 자신을 설득하고 교회를 가지 않기로 했다. 날씨는 너무도 푸르렀고 살랑이는 바람이 낚시하기 완벽한 날씨였다.

'낚시하러 가자! 큰 물고기를 낚아 가면 새어머니도 칭찬해줄 거야!'

나는 매번 반복되는 지루했던 주일이 즐거워지기 시작했다. 머릿속에서는 이미 커다란 물고기를 낚아 동생들과 어머니에게 칭찬받는 상상이 가득했다.

하지만 교회 갈 준비를 하고 있던 아버지께 낚싯대를 챙겨 강가로 가는 내 모습을 발각당하고 말았다. 화가 머리끝까지 난 아버지가 코뿔소처럼 내가 있는 강가에 뛰어오더니 낚싯대를 부러뜨리고 부러진 낚싯대로 나를 때리기 시작했다.

"아야! 왜 때려요! 맨날 똑같은 설교 하루쯤 안 듣는다고 지옥에라도 떨어지나요?"

"뭐라고, 이놈이! 입 다물지 못해!"

"으악!"

내 비명을 듣고 놀란 어머니가 한걸음에 달려오셨다. 나에게서 아버지를 떼어놓은 어머니는 단호하게 말씀하셨다.

"다시 한 번 나폴레온에게 손을 댔다가는 저하고 끝인 줄 아세요."

"저 아이는 하나님의 뜻을 알아야 해!"

"하나님의 뜻은 매에 있지 않아요! 그냥 얘가 하고 싶은 대로 하도록 내버려 두세요."

아버지는 할 말을 잃었고, 내 마음속으로 '하고 싶은 대로 하도록 내버려 두라'는 어머니의 말이 파고 들어왔다. 그 후로 아버지는 더는 나를 때리지 않았고, 아버지의 그늘에서 벗어난 나는 '내가 하고 싶은 대로 해도 된단 말이지? 내가 진짜로 하고 싶은 건 뭐지?' 생각하기 시작했다.

진정한 성공철학자

새어머니는 내 안에 잠들었던 거인을 깨우기 시작했다. 내가 11살 때 어머니는 내게 책 읽기와 글쓰기를 가르쳐 주셨다. 놀랍게도 어머니는 그런 것들을 충분히 가르칠 수 있는 교양과 능력을 갖춘 분이었다. 어머니는 사별한 전 남편이 교장 선생님이었던 만큼 교육과 심리학에 정통한 분이었다. 어머니를 만난 후로 나는 세상과 사물을 보는 관점이 완전히 달라졌다. 어느 날 어머니는 6연발 권총을 닦고 있는 내게 제안하셨다.

"나폴레온, 그거 나 줄래?"

"예? 어머니, 총이 필요하세요?"

어머니는 웃음을 머금은 얼굴로 말씀하셨다.

"아니, 네가 그 총을 내게 주면 나는 너에게 새 타자기를 사 주려고. 어때?"

'타자기라니? 그걸 왜 나에게? 한 번도 쳐본 적 없고 다룰 줄도 모르는 물건인데?'

어리둥절한 내 표정을 읽으셨는지 어머니는 말씀하셨다.

"네가 그 권총만큼 타자기를 잘 다루게 되면 너는 부자가 될 거야. 또 그만큼 세상에서 유명한 인물이 되겠지. 그동안 멋지게 총을 다루려고 하던 그 노력을 책을 읽고 글을 쓰는 데 쏟으면 넌 틀림없이 세계적으로 이름난 작가가 될 거야."

이 얼마나 아름답고 놀라운 비전인가? 세계적인 작가가 될 것이라는 어머니의 예언은 내 마음속 깊이 자리 잡았다. 나는 꼭 작가가 되겠다고 마음먹었다. 순수한 영혼에 새겨진 아름다운 다짐은 평생토록 나를 움직이는 거대한 힘으로 작용했다. 이로써 나는 또 알게 되었다. 부모는 자녀에게 감정을 담아 말할 때 조심해야 한다는 사실을 말이다. 긍정적인 말이든 부정적인 말이든 그 예언은 실현될 가능성이 높기 때문이다.

집안 형편이 크게 좋아지지는 않았지만, 어머니의 교육 덕분에 나는 점점 철이 들어가고 있었다. 13살 때 나는 집안 경제에 보탬이 되기 위해 탄광에서 일하기로 했다. 나이가 어려 강도가 세고 보수가 높은 노동을 할 수는 없었기에 나는 광부들의 잔심부름을 하는 일을 했다. 나의 주 업무는 물심부름이었다. 그것은 단순 반복 작업이라 특별히 어려울 것이 없었고, 중간에 쉬는 시간이 생기면 나는 그 시간을 이용해 어른들 일을 도왔다.

하루는 물통에 물을 가득 채워 세 번 져 나르고 나서 석탄을 선별하는 곳으로 가 운전기사를 도왔다. 기사가 짐을 내리는 동안 나는 갱도로 들어갈 빈 차의 바퀴에 박힌 돌을 쇠막대기로 제거하고 있었다. 어떤 남자가 그 앞을 지나다 이 광경을 보고 내게 물었다.

"얘야, 운전기사가 너더러 도와달라고 했니?"

"아뇨, 아무도 시키지 않았어요. 그냥 물심부름하고 시간이 남으니까 한 거예요."

"그렇게 하면 돈을 더 받는 거야?"

"아니요, 돈을 받고 하는 일도 아니에요. 그냥 제가 좋아서 하는 일이에요."

"어떻게 그런 생각을 다 했니? 나를 따라오너라."

남자는 나를 사무실로 데리고 갔다.

"자, 이제부터 여기서 잔심부름을 하도록 해라. 물품 사 오는 일이나 우편물 정리와 전달, 서류 정리하는 일을 돕도록 해라."

"네?"

"내 소개를 안 했구나. 나는 이 탄광의 주인이란다."

"아! 안녕하세요!"

"그래, 그런데 아직 학교에 다닐 나이인 것 같은데, 학교는 어떻게 하고 있지?"

"집안 형편이 어려워 학교는 못 가고 있습니다. 어머니께 배우고 있긴 하지만요."

"낮에 일해야 돈을 벌어 집에 보탤 테니, 일반 학교는 어렵겠지. 야간 학교에 다니도록 해라. 학비 걱정은 말고. 회사에서 지원해줄 테니."

순식간에 벌어진 일이었다. 나는 '이게 꿈은 아니겠지?' 하면서 놀란 가슴을 진정시켰다.

"공짜는 아니니 오해하지 말아라. 아무도 시키지 않은 일을 스스로 해 온 것에 대한 정당한 대가라고 생각하면 된다."

주어진 일 이외의 것을 자발적으로 한 덕택에 좀 더 나은 환경에서 일할 수 있게 된 데다 학교까지 다닐 수 있게 된 것이다. 이때의 경험은 내 기억 속에 강하게 남았다. '자발적으로 일하면 내 운명을 바꿀 수 있다.' 나는 마음속으로 가만히 되뇌었다.

기적을 만드는 사람 나폴레온 힐

어느 날 아침 식사준비를 하던 어머니가 틀니를 떨어뜨려 부러지고 말았다. 나는 그때까지 어머니가 틀니를 했다는 사실도 몰랐고, 틀니를 본 것도 처음이었다. 어머니는 윗니가 틀니였던 것이다. 부러진 틀니를 들고 어머니는 어쩔 줄 몰라 했다. 우리 형편에 큰 비용이 드는 틀니를 새로 한다는 것은 여간 부담스러운 일이 아니었기 때문이다. 아버지는 그런 어머니를 위로했다.

　"마샤, 걱정하지 말아요. 이런 것쯤은 내가 간단히 고칠 수 있어."

　그러자 어머니는 감격하여 말씀하셨다.

　"정말요? 당신은 역시 대단한 분이에요."

　아버지의 말을 나는 이해할 수가 없었다. 나는 아버지가 틀니 만드는 것을 본 적이 없었기 때문이다. 아버지가 말굽을 만들어서 다는 것은 종종 보았다. 그런데 말굽과 틀니는 천지 차이 아닌가. 무슨 자신감으로 틀니를 고칠 수 있다고 큰소리를 치는지 의아했다.

　'아버지가 틀니를 고칠 수 있다고? 무슨 소리인지 모르겠네. 틀니를 고치거나 새로 만들려면 재료도 있어야 하고 만드는 방법도 알아야 할 텐데.'

　며칠 후 학교에서 돌아와 보니 집안에서 이상한 냄새가 나고 있었다. 나는 그것이 어디서 나는지 알아보았다. 부엌 난로 위에 깨끗하고 작은 주전자가 있었다. 냄새는 거기서 나는 것이었다.

　"어머니, 저건 도대체 뭐예요?"

　"응, 저건 아버지의 치료 도구란다."

　"어디서 난 거예요?"

　"마을에서 바겐세일 하는 치과용 의료 기구를 구입했단다. 아버지께서 그걸 가지고 틀니를 제작 중이시란다."

아버지는 주전자를 들고 우물가로 가서 주전자 안의 물체를 꺼내 식힌 뒤 칼로 바깥쪽의 석고를 조심스럽게 벗겨냈다. 그리고는 말굽을 만들 때 쓰는 집게 같은 도구를 가지고 틀니를 다듬었다. 완성된 틀니를 새어머니의 입안에 넣어 맞춰 보았더니 신기하게도 꼭 들어맞았다. 아버지 자신도 깜짝 놀라며 기뻐했다. 이 일을 겪고 나서 어머니는 아버지에게 놀라운 제안을 했다.

"이렇게 틀니를 잘 맞추는 것을 보니 당신은 훌륭한 치과의사가 될 수 있을 것 같아요. 본격적으로 치과 의술을 공부해 보세요."

"뭐라고? 치과의사? 내가 잘해낼 수 있을까?"

"그럼요. 당신은 분명히 잘할 수 있어요."

어머니의 확신에 찬 얘기를 듣고 아버지는 치과 의술을 배우기 시작했다. 마을 철공소에서 가위 모양의 외과 수술용 기구와 핀셋을 구입했다. 그리고 구멍을 뚫는 드릴도 구입했다. 아버지는 이것을 엔진이라고 불렀다.

그 후 아버지는 틀니 만드는 장비와 치과 의술에 관한 공부를 계속했고 마침내 '현금 환영'이라는 팻말을 준비하고 장사를 시작했다. 주로 버지니아, 코네티컷, 켄터키까지 돌아다니면서 틀니를 만들어 팔았는데 뛰어난 실력 덕분에 장사는 아주 잘 됐다.

그런데 그것은 사실상 불법이었다. 아버지에게는 면허가 없었기 때문이다. 시작한 지 3년쯤 됐을 때 치안판사로부터 영업정지 경고를 받게 됐다. 절박한 마음에 아버지는 관청을 찾아가서 사정도 해보고 백방으로 알아봤으나 방법을 찾지 못했다. 결국은 일을 계속할 수 없게 됐다. 충격과 실망에 아버지는 모든 것을 포기하고 말았다.

"마샤, 이제 정말 다 끝났소. 아무리 찾아봐도 방법이 없다고. 내 치과

병원은 폐업이오. 자격을 얻으려면 시험을 치러야 하는데 그건 불가능해."

아버지는 패배감에 어깨를 축 늘어뜨리고 수심에 가득 찬 얼굴로 말했다. 그런데 아버지 얘기를 듣던 어머니는 우리를 또 한 번 놀라게 했다.

"무슨 말씀이에요, 닥터 힐! 나는 포기하거나 실망하기 위해 당신을 의사로 만든 게 아니에요. 정식 의사가 된 다른 사람들처럼 하면 돼요. 필요하다면 대학에 들어가서 제대로 공부를 해보자고요."

어머니는 단호하고 분명한 어조로 소리쳤다. 듣고 있던 우리는 모두 깜짝 놀라고 말았다.

'뭐라고? 아버지더러 대학을 가라고? 아버지 나이에? 아버지는 대학 캠퍼스 근처에도 못 가본 분인데? 게다가 뭐, 아버지가 '닥터'라고?'

가장 당황한 것은 당사자인 아버지였다.

"마샤, 그게 무슨 말이오? 나더러 대학을 가라고? 내 나이가 몇인지 몰라서 그러는 거요?"

"나이가 무슨 상관이에요? 면허가 필요하면 정식으로 면허를 따면 되는 거예요. 당신은 훌륭한 자질이 있으니 대학 공부도 잘해낼 거예요. 학비는 걱정하지 말아요. 내가 구해줄 테니까."

놀랍게도 아버지는 어머니 말대로 대학에 진학했다. 어머니는 전남편의 생명보험금을 찾아 아버지를 루이블 치과대학에 보낸 것이다. 대학에 들어간 아버지는 열심히 공부에 전념했다. 그 결과 1학년 때 모든 과목에서 우등생이 되었고, 3년 만에 대학을 졸업할 수 있었다. 아버지는 마침내 진짜 의사가 된 것이다. 참으로 놀라운 일이었다. 이후 아버지는 30년 동안 치과의사로 활동했다. 그것도 꽤 유명한 의사로 이름을 날리게 됐으니 어머니가 아버지를 재창조한 것이나 다름없었다.

어머니는 나뿐 아니라 아버지의 인생도 뒤바꾼 것이다. 대장장이를 치과 의사로 변신시킨 어머니는 진정한 성공철학자였다. 아버지의 장점과 강점을 파악해 동기를 부여하여 자발적으로 움직이게 했다. 나는 '동기부여'가 얼마나 중요한지 확인했고, 동기부여가 한 사람의 인생을 송두리째 바꾸어 가는 과정을 직접 목격할 수 있었다. 10대 때 이런 어머니에게 직접 교육을 받을 수 있었던 것은 내 인생 최고의 행운이었다.

15살이 되자 어머니는 나를 불러 앉히고 진지하게 말씀하셨다.

"나폴레온, 너는 장남이야. 그리고 이제 15살이 되었으니 앞으로 무엇을 할 것인지 결정할 때가 왔구나. 너는 글 쓰는 것을 좋아하니까 그 방면으로 나가는 것이 좋을 것 같아."

어머니가 그렇게 콕 집어, 내 진로를 추천하신 데는 이유가 있었다. 어머니는 여러 해 동안 나를 꾸준히 관찰하신 결과 내가 가장 좋아하고 잘할 수 있는 일이 글 쓰는 일이라고 판단하신 것이다. 어머니의 글쓰기 지도를 받기 시작하면서 나는 글쓰기의 재미를 알았다. 얼마 후 나는 마을의 작은 신문사 수습기자로 일하게 되면서 글쓰기에 자신감이 붙어가고 있었다.

어머니는 이어서 말씀하셨다.

"지역신문사에 이력서를 보내보렴. 예리한 관찰력과 풍부한 독창성이 돋보이는 네 글을 알아봐 줄 거다."

부모가 자녀에게 진로의 방향이나 직업을 구체적으로 알려주는 경우는 많지 않다. 알려준다고 해도 추상적인 것을 제시하는 정도에 그치고 만다. 그런데 어머니는 아주 구체적으로 코칭해주셨다. 나에게 이력서를 만들어 신문사에 보내도록 했다. 자신을 마케팅하는 법을 경험하게 하신 것이다. 말 그대로 실전 교육이었다. 나는 고등학생 신분으로 버지니아 지역의 여러 신문사에 뉴스를 취재해 보내는 일을 하게 되었다. 본격적으로 작가 수업을 받게 되었을 뿐 아니라 원고료 수입도 생겼다. 어떤 때는 16개 신문사에 기사를 보내기도 했다. 기사를 작성하는 일은 내게 가장 즐거운 시간이었다.

어느 날은 더 기삿거리를 찾을 수 없어 상상력을 발휘해서 '가짜 뉴스'를 만들기도 했다.

"와이즈 카운티 남서쪽에 있는 한 농장에서 밀주를 만들어 팔고 있는데 세무서의 가택 수사로 적발되었다. 이들은 농장 안쪽에 작업실을 하나 더 만들어 밀주를 제조했고 지인들에게만 판매하여 법망을 피하고 있었다."

그런데 그 기사가 나가자 실제 세무서에서 그 농장을 조사했고, 우연히도 그 농장에서는 밀주를 제조하고 있었다. 내가 쓴 상상의 기사 때문에 그 농장이 적발되고 만 것이다. 농장주는 분기탱천하여 나에게 달려와 화를 냈다.

"한 번 더 펜을 그따위로 놀리면 절대로 가만두지 않을 테다. 신세 망치지 않으려면 조심하라고!"

혼쭐이 난 나는 다시는 그런 기사를 쓰지 않겠다고 다짐했다. 실수가 있긴 했지만, 학생 기자 일은 그때까지 했던 어떤 일보다 재미있었다. 나는 이 시기에 어머니의 권유로 글 쓰는 작가를 내 인생이 가야 할 방향으로 설정하게 되었다. 그리고 내 삶은 그 흐름에서 크게 벗어나지 않았다.

2장

세상 속으로

고등학교 졸업과 경영대학 입학

어머니의 교육 방식이 내 삶을 가장 크게 바꾸었지만 낯선 타인의 말도 큰 영향을 주었다. 그가 별 뜻 없이 던진 말일지라도 나는 그것을 크게 생각해 마음속에 담아두었고 평생 기억하였다.

어느 추운 겨울밤이었다. 나는 벽난로 앞에 앉아 귀를 기울이고 있었다. 나이 지긋한 두 노인이 자본과 노동에 대해 의견을 나누고 있었다.

"노동자들의 주장이 타당한 부분이 있다고 생각하네. 핵심은 그들이 일한 것보다 적게 대가를 받고 있다는 것이지. 만약 정부와 자본가가 합심해서 노동자를 압박한다면 불행한 일이 벌어지고 말 거야. 하지만 나는 노동자가 국가나 자본가에 대항해서 성공한 사례를 거의 보지 못했네. 대부분은 선동가의 현란한 말솜씨에 넘어가 목숨까지 걸게 되지만 결과는 언제나 비참했네. 주장이 옳더라도 섣불리 나서는 건 옳지 않아."

"당분간 혼란은 계속될 수밖에 없어. 열심히 일하는데도 자기 삶은 나아지지 않고, 사장만 부를 축적하는 게 눈에 보이는데 가만히 참고 있을 사람이 얼마나 되겠는가? 어떨 땐 나 같은 늙은이도 화가 치밀어 오른다고. 희생이 따르더라도 한번은 터져야 하는 고름 같은 거야."

두 사람은 노동자 소요사태에 관해 얘기하고 있었다. 그 무렵 내가 살

기적을 만드는 사람 나폴레온 힐

던 마을에서도 바야흐로 노동조합운동이 태동하고 있었다. 나도 그 문제에 대해 깊은 관심이 있었다. 나는 노동조합이 실행에 옮기려는 전술이 너무 과격하고 거칠어서 노동자 측에 도리어 불리할 수 있다고 생각하고 있었다. 노동자와 자본가 측 모두 어느 정도 잘못이 있어 보였다. 그런데 노동자 측의 전술이 매우 파괴적이어서 자본가와 협력할 여지를 아예 없애버리게 되면 결과적으로 노동자들만 더 손해를 입게 될 것이라고 생각했다. 나는 두 노인의 대화에 불쑥 끼어들고 말았다.

"노동자들이 주장하는 바가 일리는 있지만, 지금과 같은 방법은 거칠고 위험해 보여요. 황금률의 원리에서 봤을 때는 고용주에게 타협할 수 있는 여지를 주는 것이 장기적으로 그들에게도 유리하다고 생각합니다. 시간이 걸리더라도 고용주와 피고용인 모두를 위한 방법을 찾아야 하지 않을까요?"

그중 한 노인이 내 의견이 흥미로웠는지 놀랍다는 표정으로 내게 몸을 돌렸다. 그는 나에게 다가오더니 내 어깨를 꽉 붙잡고는 눈을 똑바로 쳐다보며 말했다.

"참 영특한 젊은이로군. 세상 온갖 풍파를 다 겪은 늙은이들보다 더 지혜로운 얘기를 하다니. 자네 같은 사람이 공부를 더 하면 틀림없이 세상에 이름을 남기게 될 게야."

하고 싶은 말이 갑자기 입 밖으로 튀어나와 한마디 한 것이지만, 모르는 어르신들의 대화에 함부로 끼어든 게 실례가 아닐까 걱정하고 있던 나는 뜻밖의 칭찬을 듣게 되었다.

"무례를 나무라지 않고 그렇게 말씀해 주시니 감사합니다."

나는 내가 세상에 나가 큰일을 할 것이라는 생각을 단 한 번도 해 본

적이 없었다. 그러나 그 노인의 말은 강렬한 인상을 남기며 마음에 자리 잡았다. 아무것도 없던 척박한 땅에 뿌려진 씨앗과 같은 그 말을 때때로 되새기게 됐다. 그 생각에 집중할 때마다 그 노인의 말은 예언처럼 들렸고 반드시 실현될 것 같은 묘한 마력마저 느껴졌다. 모르는 사람의 이 말 한마디가 나에게 자기 확신 즉, 자신감을 심어준 것이다.

노인의 말에 영향을 받아 공부를 계속할 결심한 나는 고등학교 졸업 후 와이즈 카운티를 떠나 같은 주(州) 테즈웰(Tazewell)에 있는 1년짜리 비즈니스스쿨에 들어갔다. 비즈니스스쿨에 진학한 것은 현명한 선택이었다. 나는 경영대학에서 처음으로 '대가(代價)'라는 개념에 대해 깨달을 수 있었다. 또 민주주의의 기본정신에 대해서도 배웠다. 가장 중요한 배움은 '자발적으로 일을 더 잘하는 것'이 나에게도 유익하다는 것이었다. 그것은 어릴 적 탄광에서 우연히 깨달은 것에 대해 체계적인 이론으로 뒷받침해주고 있었다. 이후로 나는 이 개념을 철저히 익히고 실천했다. 이 원칙은 훗날 성공철학을 연구하면서 다른 모든 성공자가 실천하는 핵심 원칙이라는 것도 알게 됐다.

비즈니스스쿨에서 나는 여러 계층의 학생들과 어울렸다. 유대인도 있었고 비유대인은 물론 가톨릭교인, 청교도들도 있었다. 이렇게 다양한 사람들과의 관계는 나의 시야를 넓혀주었다. 피부색과 민족, 종교가 다른 사람들과 어울리며 서로의 생각을 소통하고 마음을 나누는 경험에서 경제, 경영 공부와는 다른 새로운 과목을 공부한 셈이다. 예를 들자면 황금률은 민족과 종교를 넘어서는 원리임을 깨달을 수 있었다. 태양이 동에서 떠서 서로 지고, 밀물과 썰물이 교차하듯 진리는 인간의 편견에 영향을 받지 않고 있었다. 나는 이를 통해 우리 모두 같은 인간일 뿐만 아니라 민주주의 정신에 따라 움직이는 인생임을 깨우쳤다.

비즈니스스쿨을 수료한 후 나는 속기사와 경리로 취직했다. 학교에서 깨달은 대로 일을 자발적으로 더 잘하는 원칙을 실천하여 빠르게 승진할 수 있었다. 언제나 입사 동기보다 먼저 승진했고 그에 따라 봉급도 더 높아졌다. 나는 열심히 저축했고 오래지 않아 통장에는 수천 달러가 쌓였다. 나는 성공하겠다는 강한 열망에 사로잡혀 있었다. 그때 내가 생각하는 성공의 의미는 단순했다. 그것은 바로 '돈!'이었다. 통장에는 잔액이 쌓여갔다. 승진은 순조로웠고 봉급은 올라갔다. 다른 사람들이 이런 나의 승진 비결을 무척 궁금해했지만, 그것은 단순했다. '일을 자발적으로 더 잘하는 원칙' 말고 다른 비결은 없었다. 나는 자발적으로 일하면 상대에게서 어떤 반응이 오고 관리자가 나를 어떻게 대할지 어느 정도 눈에 보였다. 그리고 당장 어떤 일을 하는 것이 회사에 도움이 될지도 짐작할 수 있었다. 그래서 그 일에 집중하다 보니 빠르게 승진할 수 있었다. 그런데 그 원리를 모르는 사람은 그런 것들이 눈에 보이지 않는 것 같았다.

나에 대한 소문은 업계에 빠르게 퍼져 나갔다. 사람들은 나를 데려가려고 더 많은 봉급을 경쟁적으로 제시했다. '일을 자발적으로 더 잘하는' 것은 나의 강력한 무기가 됐다. 이것은 그때까지 내가 배운 최고의 기술이자 전략이었다.

운명의 다음번 손길은 나를 남쪽으로 이끌었다. 나는 꽤 규모가 있는 목재 생산업체의 영업과장이 되었다. 당시 나는 목재나 영업에 대해서는 문외한이었다. 그러나 내가 가진 강력한 기술을 철저히 실천하면 통할 것이라는 믿음이 있었다. 목재를 팔기 위해서라면 어떤 방법이라도 시도해 보겠다는 각오로 영업에 나섰다. 그 결과 괜찮은 실적을 올릴 수 있었고 봉급은 배로 올랐다. 내가 뚫은 거래처가 늘어나자 사장은 목재소를 하나 더 차렸다. 그리고 나에게 동업을 제안했다.

"나폴레온, 고맙네. 자네 덕분에 이만큼 올 수 있었어. 이제는 회사 규모가 커져서 나 혼자 감당하기에는 무리가 있네. 자네와 지분을 나누고 함께 회사를 키우고 싶은데 자네 의견은 어떤가?"

제안을 받아들여 나는 사장과 함께 목재소의 소유권을 절반씩 나누었다. 소유권을 갖게 되자 나는 더 열심히 일했다. 나에게는 출퇴근 시간이 따로 없었다. 일한 만큼 수익을 더 가져갈 수 있었기 때문에 나의 성취동기를 자극하기에는 충분했다. 사업은 나날이 발전했다. 나는 돈방석에 앉는 내 모습을 상상했고 상상을 현실로 만들기 위해 더 열심히 노력했다. 나는 목재업계 관계자들과의 친분도 급속도로 쌓아나갔다. 얼마 지나지 않아 목재협회에서 중요 인사로 자리 잡게 되었다. 나는 이 사업이야말로 나에게 꼭 맞는 일이라 생각했다. 목재 유통 외에 다른 일을 하는 것은 상상할 수도 없었다. 나는 세상 꼭대기에서 세상을 내려다보는 기분을 만끽하고 싶었다. 나는 한껏 자만심에 빠져 거들먹거리며 거리를 활보했다. 내가 알던 세계에서 중심인물이 된 나는 이루지 못할 일도 없었고 더 높이 오를 데가 없어 보였다. 나는 마침내 내가 대단한 인물이 되었다고 생각했다.

그도 그럴 것이 내가 생각하는 성공의 척도는 '돈과 권력'에서 한 걸음도 나가지 못하고 있었기 때문이다. 내가 가진 관점에서 나는 어느 정도 성공했고 세상에 나를 뽐낼 수 있는 정도는 됐다고 확신하고 있었다.

만약 운명의 신이 나를 그대로 내버려 뒀더라면 나는 어떻게 됐을까? 허영심에 가득한 속물로 전락해 한껏 자신을 뽐내다 스스로 만든 덫에 걸려 거꾸러지지 않았을까?

사실 운명의 신은 의도적으로 나를 내버려 뒀다. 내가 충분히 자만심에 빠져 허우적거리길 기다렸다가 아무 생각 없이 모퉁이를 돌 즈음 쇠몽둥이로 나를 내리쳤다.

그 어떤 예고도 없이 내 운명에 허리케인이 덮쳤다. 1907년 대공황이 닥친 것이다. 그때까지 경험한 일 중 가장 충격적이었다. 내 의지와는 무관하게 상황이 급변했다. 정신을 차리고 주위를 둘러봤을 때 이미 상황은 끝이 나 있었다. 하루아침에 사업이 망하고 나는 빈털털이가 되고 말았다. 현실과 꿈이 구별되지 않을 정도로 충격이 컸다.

경기 흐름을 보고 지레 겁을 먹었던 동업자는 미리 사업에서 손을 떼고 자금을 빼내서 손해를 보지는 않았다. 하지만 내게는 빈껍데기 회사만 남아있었다. 다행히 좋은 평판은 유지하고 있었는데, 한 변호사가 내게 접근했다. 그는 다른 동업자와 같이 내 회사를 사들였다. 그들은 목재회사를 계속 운영하였는데 1년쯤 지나고 문제가 터졌다.

알고 보니 그들은 내 명의와 평판을 이용해 목재를 최대한 외상으로 사들인 다음 대금을 지불하지 않는 일종의 사기 행각을 벌이고 있었다. 내가 사실을 알았을 때는 일이 너무 커져 수습할 수 없는 지경이었다. 내 이름을 믿은 많은 사람이 피해를 입고 곤란을 겪어야 했다.

나는 온 힘을 다해 피해자들을 구제하고 회사를 지키기 위해 노력했다. 하지만 세상 물정 모르는 풋내기 어릿광대처럼 보기 좋게 주저앉고 말았다. 결국, 나는 손을 들고 말았다. 사업에서 아주 손을 떼기로 했다.

영원히 승승장구할 것 같았던 목재사업을 완전히 정리하게 됐다. 이번엔 운명이 나를 법과대학으로 이끌었다. 목재사업에 실패하지 않았다면 법학을 공부할 생각은 하지 못했을 것이다.

법률공부와 카네기와의 만남

삶의 한고비를 넘긴 뒤 나는 와이즈 카운티의 최고 부자인 루퍼스와 일하고 있었다. 그는 탄광, 목재사업, 호텔, 은행 등 다양한 사업을 하고 있었다. 그는 돈 버는 데는 정말 탁월한 재주를 가지고 있었다. 그를 보면서 나도 언젠가는 그처럼 큰 사업을 펼쳐봐야겠다는 생각을 했다. 그는 돈이 되는 사업을 판별하는 데 남다른 감각을 가졌는데 손을 대는 사업마다 놀랄만한 성과를 냈다. 특히 사람과 사람을 연결하거나 상대를 끌어당기는 힘이 대단했다. 누구라도 그와 30분 정도 얘기하고 나면 그의 사업의 열렬한 지지자가 되었다. 물론 그에게도 약점은 있었다. 바로 자녀 교육에 관한 것으로 자신은 자수성가했지만, 자녀에게는 일을 제대로 가르치지 않아 기본적인 자기관리가 되지 않고 있었다. 그런데도 자녀들에게 사업체를 하나씩 맡겼다. 자녀들은 아직 회사를 맡기엔 여러모로 부족했다. 그래서 그들 곁에서 루퍼스가 신임하는 사람이 실무를 도와주고 있었다.

그와 일하면서 나는 재빠르게 비즈니스 세계에 익숙해졌고 6개월 만에 탄광의 경리를 맡을 정도로 신뢰와 인정을 받았다.

"나폴레온, 자네는 일 처리가 정확하면서도 속도도 빠르군. 믿음이가. 특히 돈 문제가 깔끔한 사람은 가장 믿을만한 사람이지."

루퍼스는 나를 신뢰했고 점차 그의 개인적인 업무도 나에게 맡기게 되었다. 그는 여러 개의 은행을 소유하고 있었는데 지방의 한 은행의 지점장으로 자기 아들을 임명했다. 그러나 아들을 완전히 신뢰하지는 않았기 때문에 인근 호텔의 매니저에게 그를 도와주라고 했다. 그런데 어느 날 밤 그 지방의 호텔 매니저가 나에게 전화를 했다.

"나폴레온, 여기 은행의 지점장이 곤경에 빠졌습니다. 와서 해결을 해주셔야 할 것 같습니다. 사장님께는 아직 말씀 안 드렸습니다. 비밀로 해주세요."

나는 즉시 기차를 타 다음 날 아침 일찍 그곳에 도착했다. 황급히 은행으로 향했다. 은행에 도착해보니 금고는 열려 있었고 돈은 여기저기 흩어져 있었다. 다행히 은행 영업시간까지는 시간이 남아있었다. 나는 곧바로 사장에게 연락했고 자초지종을 설명했다.

"사장님, 이곳 은행의 금고가 열려 있고 돈은 흩어져 있습니다. 아직 외부에는 알려지지 않았고 호텔 매니저와 저만 아는 일입니다. 신속하게 마무리하면 별문제는 없을 것 같습니다."

"나폴레온, 우선 돈을 정확하게 계산하여 결산하고 부족한 금액만큼 어음을 발행하게."

나는 그때부터 돈을 세기 시작했다. 단 1센트도 빠뜨리지 않고 정확하게 결산을 마무리했다.

몇 시간 후 내 눈앞에는 5만 달러의 현금이 놓여 있었다. 바닥에 흩어졌던 돈은 꽤나 거금이었다. 나는 마음이 흔들렸다. 당시 나는 재정적인 어려움에 부닥쳐 있었기 때문이다. 은행에 돈이 얼마나 없어졌는지 정확히 아는 사람은 아무도 없었다. 나만 아무 말 않는다면 누구도 알 수 없었다.

기적을 만드는 사람 **나폴레온 힐**

'사장 아들이 심리적으로 불안정한 상태니까 돈이 없어진다면 다들 그가 훔쳤다고 생각하지 않을까?'

그런 생각이 들자 내가 그 돈으로 할 수 있는 여러 가지 일들이 떠올랐다. 가슴이 뛰었지만 해서는 안 될 일이었다. 두 마리 짐승이 싸움하듯 마음의 갈등이 계속됐다. 바로 그 순간 마음속에서 하나의 목소리가 들렸다.

"나폴레온, 정직해야 해!"

그것은 내가 집을 떠나기 전에 어머니께서 강조하셨던 말씀이다. 나는 곧바로 정신을 차린 후 마음을 가다듬고 사장에게 전화했다.

"5만 달러입니다. 돈은 한 푼도 분실되지 않았습니다."

나는 가까스로 내 마음을 지킬 수 있었다. 돈과 권력이 성공의 척도라고 생각하면서도 정당하지 못한 방법으로 그것을 얻고 싶지는 않았다. 그렇게 유혹을 뿌리치자 나는 자신에게 좀 더 당당해질 수 있었다. 그리고 돈으로부터도 좀 더 자유로워질 수 있었다. 경제적 욕구보다는 자유의 욕구를 더 우선하게 되었다. 정의롭지 못한 방법으로 얻은 부와 명예는 성공이라 부를 수 없다고 생각했다.

일을 해결하고 돌아가자 루퍼스는 나에게 고마움을 표시하고 하나의 제안을 했다.

"나폴레온, 정말 고맙네. 다른 사람이 갔다면 십중팔구는 은행 돈을 빼돌렸을 걸세. 사업을 하면서 수많은 사람을 만났지만, 자네처럼 돈의 유혹에서 중심을 잡아낸 사람은 보지 못했네. 그런 자세를 계속 유지한다면 자네는 정말 큰 인물이 될 거야. 자네 같은 사람은 더 공부해서 세상에 크게 쓰임이 돼야 해. 그러기 위해서는 법학을 공부하는 게 좋아.

내가 워싱턴 D.C에 있는 조지타운대학 로스쿨에 들어갈 수 있도록 도와주겠네."

나는 경영대학을 다니면서 공부를 더 하고 싶다는 욕구를 갖게 되었다. 어릴 적 꿈인 작가가 되기 위해서는 큰 도시로 나가 견문을 넓히고 체계적인 공부를 하는 것이 좋을 것 같다는 생각이 들었다. 나는 루퍼스의 제안을 감사히 받았다.

그런데 이 일이 계기가 되어 앤드루 카네기를 만나게 되었으니 참으로 묘한 인연의 연속이었다. 만약 그때 양심을 저버리고 물질적 이익에 굴복했다면 나는 전혀 다른 인생행로를 걷게 되었을 것이다. 성공철학도 결코 존재하지 못했을 것이다. 삶에서 양심과 원칙을 따르는 것이 얼마나 중요한 일인가!

나는 동생에게도 조지타운 법대에 입학하라고 설득했다. 동생은 학비를 걱정했다.

"학비와 생활비는 걱정하지 마. 내가 벌어서 보태줄게."

나는 새로 일자리 구해 일한다면 동생 학비까지는 벌 수 있을 거라 자신했다. 내가 알고 있는 자발적으로 더 잘 일하는 법칙을 사용하면 충분히 가능하리라 생각했다. 나는 당시 발행되고 있던 잡지사에 '성공한 사람들의 일대기를 다루는 특집'을 만들겠다는 계획을 세웠다. 적당한 잡지사를 알아보던 중 밥 테일러 매거진(Bob Tayler's Magazine)이 눈에 들어왔다. 나는 해당 잡지의 발행인이자 전 테네시주 의원인 로버트 테일러를 방문했다. 테일러는 첫 만남에서 나의 재능을 인정하고 곧바로 파트타임으로 채용했다. 나는 테일러 매거진을 다니면서 잡지사 운영 방법까지 익힌다면 향후 잡지사를 직접 운영할 수도 있을 거라는 계산을 했다. 여러모로 나에게는 좋은 기회가 될 것이라 여겼다.

나는 테일러에게 '성공한 사람들의 일대기를 다루는 특집'에 관한 나의 계획을 설명했다. 그러자 그는 당시 저명한 인사들인 토머스 에디슨, 존 워너메이커, 에드워드 복, 알렉산더 그래햄 벨, 앤드루 카네기 등의 명단을 건네주며 취재를 하라고 했다. 이들을 취재한다는 것은 분명 대단한 일이 될 것이 틀림없었다. 또 나의 흥미를 자극하기에 충분했다.

1908년 가을, 드디어 운명의 여신이 나를 특별한 만남으로 이끌었다. 나는 앤드루 카네기를 만나기 위해 피츠버그로 가고 있었다. 카네기가 인터뷰에 응하기로 했기 때문이다.

'세상에, 세계 최고의 갑부를 만나 인터뷰를 하다니! 이건 분명히 특종 중에 특종감이야!'

아직 풋내기 신참 기자에게 이런 기회가 주어진다는 것 자체가 기적 같은 일이었다. 나는 흥분된 마음을 겨우 가라앉히고 피츠버그로 향했다.

이때 카네기는 73세의 나이로 사업에서 은퇴하고 노년기를 보내고 있었는데, 엄청난 부를 사회에 환원하는 작업을 하고 있었다. 물론 그때까지도 나의 주된 관심은 돈과 권력 같은 것들이었기 때문에 그의 사회 환원에는 관심을 두지 않고 있었다.

성공철학 완성을 제안받다

  예상했던 대로 카네기의 저택은 크고 웅장했다. 훗날 내가 큰돈을 벌게 되다면 꼭 이런 집을 사야겠다고 생각했다. 비서의 안내로 서재에 들어갔다. 거기에는 노년의 한 신사가 인자한 웃음을 지으며 나를 기다리고 있었다.

  "안녕하세요. 밥 테일러 매거진의 나폴레온 힐이라고 합니다."

  "반갑습니다. 오느라 수고했어요. 아주 젊은 기자분이 오셨군요. 오늘 인터뷰가 몹시 기대됩니다."

  인터뷰를 시작하자마자 나는 단도직입적으로 물었다.

  "카네기 회장님, 회장님의 성공 비결은 무엇입니까?"

  "젊은 기자 양반, 내가 그 질문에 답하기 전에 당신이 생각하는 '성공의 의미'에 대해서 나에게 먼저 설명해주겠소?"

  순간 나는 당황해서 무슨 말을 할지 답을 찾고 있었다.

  '성공이 성공이지 성공의 의미라니?'

  "당신이 언급한 성공은 나의 재력, 물질적 부를 말하는 것 같은데? 그렇지 않은가요?"

  "그렇습니다, 회장님. 누구나 그렇게 생각하지 않을까요?"

  나는 겨우 답을 할 수 있었다.

기적을 만드는 사람 **나폴레온 힐**

"좋아요. 내가 어떻게 돈을 벌었는지 그게 궁금하다면 내가 대답을 해 주지. 우리 회사에는 20명으로 구성된 '마스터 마인드(Master Mind)'가 있습니다. 이것은 20명 이상으로 구성된 나의 사업팀에서 나온 것인데 경영진들과 회계담당자, 관리자들, 화학자들, 그리고 사업에 필요한 전문 요원들로 구성돼 있답니다."

"20명이라면, 마스터 마인드가 한 사람이 아니군요?"

"그렇습니다. 마스터 마인드는 어떤 한 사람을 가리키는 것이 아니고 명확한 목표를 향해 단합되고 조직된 그 그룹의 정신 총합을 말합니다. 다시 말해 전체가 하나 된 조화의 정신이죠. 이 마스터 마인드 그룹이 나에게 돈을 벌어주는 힘이라고 할 수 있습니다. 이 그룹에 있는 사람들은 성향과 재능이 다르지만 조화된 모습으로 하나의 몸처럼 움직이고 있지요."

"여러 사람이 한뜻으로 움직이는 일은 굉장히 어려울 텐데요, 회장님만의 독특한 운영방식이라 할 만합니다."

"이것은 내가 주관적으로 만들어 얘기하는 것이 아닙니다. 눈을 돌려 자연을 잘 관찰하면 이것은 자연의 법칙이라는 것을 알게 될 것입니다. 개미나 꿀벌이 협력하여 거대한 사회를 구성하며 살아가는 모습이나 철새들이 무리 지어 이동하는 것이 그 예입니다. 산맥들도 거대한 산들의 연합이고, 강물은 서로 뜻을 합쳐 바다로 나갑니다. 태양과 달과 지구 또한 완벽하게 조화를 이루어 운행하고 있습니다. 만약 하나라도 제 기능을 정지한다면 천지는 암흑이 되고 말 것입니다. 자연의 법칙을 자기 삶에 잘 적용하는 사람은 성공으로 가는 길에 들어설 수 있습니다."

"회장님의 성공 비결이 자연의 법칙에서 나왔을 줄은 몰랐습니다."

"이쯤에서 성공의 핵심은 '자기의 마음을 계발하는 것'이라는 것을 분명히 밝혀두고 싶습니다. 직장과 일터에서 정기적으로 마스터 마인드 시간을 가지십시오. 햇볕을 받아 식물이 자라듯 회사와 자신이 성장하고 여물어 갈 것입니다. 정기적인 만남을 통해서만 마스터 마인드가 만들어지는 것은 아닙니다. 좋은 책이나 강연, 명상도 그에 못지않게 여러분의 마음을 계발하도록 도울 것입니다."

나는 성공의 비결이 마스터 마인드에 있다는 카네기의 말을 그 인터뷰 때는 온전히 이해하지 못했다. 훗날 나는 성공철학을 집대성한 〈성공의 법칙〉 맨 앞에 이 개념을 배치했는데, 그것을 이해해 책에 싣기까지는 많은 시간이 필요했다.

"성공을 위해 분투하는 사람들에게 한 가지를 말한다면 무엇을 얘기해주고 싶은가요?"

"무엇보다 명확한 목표를 갖는 것이 중요합니다. 나는 명확한 목표 없이 성공을 거둔 사람을 본 일이 없습니다. 나의 목표는 철강 사업을 크게 일으키는 것이었고 노동자로 일할 때부터 그 하나의 열망으로 마음을 가득 채웠습니다. 그 목표를 세운 후부터 머릿속은 온통 그 생각뿐이었습니다. 나는 목표와 함께 잠들고 목표와 함께 일어났습니다. 나는 꿈속에서도 철강에 관한 일을 할 정도로 오로지 한 생각에 매달렸습니다.

당시 나는 가진 돈이 없었지만 내 생각에 동의해주는 친구에게 내 아이디어를 말하고 동의를 얻었습니다. 그리고 철강소를 만드는 데 마음과 뜻을 합친 사람을 두 명 더 구했습니다. 우리 네 사람은 '마스터 마인드'가 되어 자금 조달과 연구 개발을 했습니다. 우리 사업은 소박하게 출발했지만, 세계적인 기업으로 성장할 수 있었습니다."

"아, 마스터 마인드는 그때부터 시작된 것이군요. 목표에 대해 좀 더 구체적으로 말씀해 주시겠습니까?"

"많은 사람이 '단순한 바람'과 목표를 혼동합니다. 돈을 많이 벌고 싶다거나 큰 집을 사고 싶다는 것 등은 목표가 아니라 '바람'입니다. 바람만으로는 열망을 만들어내지 못합니다. 많은 사람이 바람 수준으로 그치고 마는 원인은 그 바람조차도 명확하지 않다는 데 있습니다.

나는 직원들과 종종 얘기했는데 그들 대부분 직장에서 해고되지 않는 수준에서 만족하는 삶을 살고 있었습니다. 이미 자신이 그런 한계를 지어 놓았으니 더 높은 곳으로 오르기는 힘들겠지요. '한계는 오로지 자신이 만든 것'이라는 것을 명확하게 인식해 당장 명확한 목표를 세워야지요.

명확한 목표는 성공을 위한 제1의 요소입니다. 자기가 무엇을 원하는지도 모르는 사람이 어떻게 성공할 수 있겠습니까? 내가 조사한 바에 따르면 98% 사람들이 목표 없이 살아가고 있습니다. 명확한 목표를 가져야 합니다. 목표 없는 인생은 목적지 없이 항해에 나선 배와 같습니다. 그 배가 표류하고 말 것이라는 사실은 누구나 짐작할 수 있습니다."

카네기의 말을 들으며 나는 '나의 목표는 무엇인가?' 되물었다. '성공인가? 돈을 많이 버는 것?' 그러자 나 역시 명확한 목표를 갖지 못한 98%의 사람이라는 생각이 들었다. 그러다 문득 떠올랐다. '나는 성공한 사람들의 이야기를 세상 사람들에게 전파하는 일이 단기 목표이고 그런 일을 하는 잡지를 만드는 게 장기 목표야. 그것은 새어머니와 함께 키워온 목표가 아닌가?' 인터뷰하면서 나는 목표를 좀 더 명확히 했다. 그것이 이 인터뷰의 가장 큰 성과라고 생각했다.

"성공의 원리를 목표나 마스터 마인드로 말씀하셨는데, 그것은 우리의 내면의 자세가 매우 중요하다는 얘기로 들립니다."

"맞습니다. 외부 조건보다는 마음이 중요합니다. 목표를 가지더라도 마음이 온통 부정적인 에너지로 가득하다면 마스터 마인드는 파괴될 것이고 목표를 향해 나아갈 힘을 얻지 못할 것입니다. 많은 실패의 배후에는 부정적인 마음 자세가 있습니다. 그것은 사람의 의지를 꺾고, 포기하고 싶은 마음을 일으키며, 상상력과 창의력을 죽이고, 자제력을 잃게 합니다. 또 다른 사람과 연합할 수 있는 통로를 차단하여 그 사람을 고립시킵니다.

만약 누군가 불쾌한 기분이나 불안한 마음으로 회사에 출근했다고 합시다. 그 마음 상태는 곧바로 주변 사람들에게 영향을 줍니다. 그 상태가 오래 계속된다면 전염병처럼 다른 사람에게도 전파가 될 것입니다. 그런 마음 상태에서 좋은 성과를 이룬다는 것은 불가능에 가깝습니다."

"혹시 긍정적인 마음과 관련된 사례를 들려주실 수 있을까요?"

"내가 처음 슈왑(카네기가 발탁한 US철강의 초대 경영자로 미국 실업계 역사상 최초로 백만 달러 연봉을 받았다)을 만났을 때 그는 여느 평범한 노동자와 다르지 않았습니다. 하지만 그는 뚜렷한 목표가 있었으며 그를 위해 배우기를 멈추지 않았습니다. 그는 만나는 모든 사람에게서 배우기 위해 노력했습니다. 그는 배움을 주는 사람이라면 언제나 열린 마음으로 교제하는 데 주저하지 않았습니다. 이런 그의 긍정적인 마음 자세가 그를 성공으로 이끈 것입니다. 그가 특별 인센티브로 100만 달러를 받은 것은 그의 마음 자세가 다른 노동자들의 그것과 달랐기 때문입니다.

여기서 한 가지 더 강조하고 싶은 것이 있습니다. 그것은 '무한한 지성

(Infinite Intelligence)'에 대한 믿음을 가지라는 것입니다. 성공에는 눈에 보이지 않고 손에 잡히지 않는 무형의 힘이 작용합니다. 이것은 어떤 초월적 존재를 가리키는 말이 아닙니다. 우리가 기계를 움직일 때 전기를 사용하는데 그 전기는 발전소에서 흘러온 것입니다. 그것처럼 우리가 성공으로 가는 길에 어려움을 이겨내고 지혜를 겸비하여 목표한 궤도를 이탈하지 않도록 힘을 공급하는 영감의 원천이 있습니다. 이것은 긍정적인 마음 자세와 굳센 믿음으로만 다다를 수 있습니다. 마음속에 소망이 간절하게 타오를 때 우리는 지혜의 원천과 하나 될 수 있습니다."

카네기가 말하는 '무한한 지성'도 '마스터 마인드'와 마찬가지로 쉽게 이해되는 개념은 아니었다. 분명한 것은 마음을 계발하는 것이 성공에서 매우 중요하다는 것이었다. 마음과 마음을 연결하여 마스터 마인드를 만들고 그것을 넘어서는 단계에 이르면 '무한한 지성'과 교류할 수 있는데 그것은 영감이나 고도의 지혜로 나타난다고 이해했다.

"말씀을 듣다 보니 성공을 위해서는 자신감이나 확신, 열정이 매우 중요하다는 것을 알겠습니다. 그런데 그런 마음 자세 말고 누구나 실천하면 되는 보편적인 실천 원리 같은 게 있지 않을까요?"

"기자님은 혹시 생각하고 있는 실천 원리가 있나요?"

"네, 제가 지금까지 실천하고 있는 게 하나 있습니다. 바로 '자발적으로 더 잘 일하는 원칙'입니다. 저는 어릴 적 탄광에서 일할 때 이 원칙을 배우게 됐고 지금까지 지켜오고 있습니다. 이 인터뷰도 제가 회사에 제안해서 이뤄진 것입니다. 저는 성공한 사람들을 인터뷰해서 그 이야기를 사람들에게 전파하고 싶습니다."

"그것을 계획한 이유가 있나요?"

"저는 어릴 적 동네 문제아로 유명했습니다. 아버지도 절 포기하실 정도였으니까요. 그런데 새어머니를 만나고 다른 사람이 됐습니다. 저는 작가라는 꿈도 갖게 되었고 대장간에서 일하던 아버지는 치과의사가 됐지요. 이 모두가 새어머니의 동기부여 덕분이었습니다. 그래서 저도 새어머니가 했던 것처럼 세상 사람들에게 선한 영향력을 베풀고 싶습니다. 글로써 말이죠."

그 얘기를 하자 카네기의 눈빛이 갑자기 번뜩이는 것이 느껴졌다.

"참 좋은 생각입니다. 그리고 방금 얘기한 자발적으로 일을 더 잘하는 원칙은 성공철학의 핵심명제 중 하나입니다. 중요한 요소를 이미 깨우치고 있다니 당신도 보통 젊은이는 아니군요. 나 역시 처음 사회생활을 시작하던 시절부터 지금까지 그 원칙을 실천하고 있습니다. 나에게는 확고한 목표가 있었습니다. 그것은 '절대로 가난한 삶을 살지 않겠다'는 것이었습니다. 분명한 목표를 가지고 일하다 보니 자발적으로 일하는 습관을 갖게 됐습니다. 그에 관한 사례는 수도 없이 많지만 하나의 예를 말해보겠습니다.

청년 시절 나는 펜실베이니아 철도회사의 피츠버그 전화국장인 스코트에게 발탁돼 직원 겸 교환수로 일하고 있었습니다. 나는 그 당시 일과를 마치면 전신 기술을 공부했습니다.

어느 날 출근하고 보니 열차가 사고가 나서 다음 열차까지 밀려 기차역이 아수라장이 되고 말았습니다. 아직 출근 시간 전이라 스코트와 다른 직원들은 출근하지 않았고 배차원 혼자서 우왕좌왕하고 있었습니다. 나는 급히 스코트 집에 전화했지만 이미 사무실로 출발한 뒤라 연락이 되지 않았습니다. 그 상태에서 시간을 더 지체하면 대형 사고가 날 것이 불 보듯 뻔했습니다.

나는 만약 내가 국장이라면 어떻게 행동할까를 생각했습니다. 그리고 행동에 돌입했습니다. 밀려있는 기차의 진로를 열어야 했기 때문에 국장 명의로 각 역에 기차 노선을 재조정하라고 연락했습니다. 스코트가 도착했을 때는 이미 상황이 정리되고 있었습니다. 나는 경위에 대한 보고서와 함께 사직서를 제출했습니다. 몇 시간 후 국장은 사직서를 반려했습니다.

며칠 뒤 국장을 따로 만났는데 그는 이렇게 말했습니다.

"인생에서 발전하지 못하는 두 가지 유형의 사람이 있네. 하나는 시키는 일을 제대로 하지 못하는 사람이고, 또 하나는 시키지 않으면 아무 일도 안 하는 사람이지."

그 일이 있고 난 뒤 나에게 더 큰 기회가 주어졌습니다. 나에게 전신 기술을 익히라고 시킨 사람은 없었지만 나는 자발적으로 그 기술을 익혔고, 위기에 순간에 운행명령서를 보내 큰 사고를 막을 수 있었던 거지요.

보상을 생각하지 않고 일하는 사람은 언제나 상급자의 눈에 띄기 마련입니다. 그리고 동료보다 언제나 비교우위에 서게 되고 덕분에 더 많은 보수를 받게 됩니다. 그리고 다른 사람이 생각하지 못하는 창의력을 계발할 수 있습니다."

마스터 마인드를 시작으로 카네기는 무려 3시간 동안 쉬지 않고 이야기를 계속했다.

"나의 성공 비결뿐만 아니라 다른 사람의 성공 비결을 보더라도 비슷한 점을 발견할 수 있지요. 성공의 원리가 명확한 법칙처럼 존재한다는 것입니다. 그런데 이처럼 명확한 원리가 존재하는데도 사람들이 그것을 발견하기 위해 시행착오를 거쳐야 한다면 너무 수치스러운 일이라 생각하지 않나요? 세상은 개인의 성공을 위한 실용적인 철학이 필요합니다. 아무리 보잘것없는 노동자일지라도 마음의 중심을 잡고 실천하면 그들이 바라는 부를 이루게 해주는 그런 철학 말입니다."

나는 카네기의 얘기에 점점 빠져들었다. 그의 성공철학을 내 것으로 만들고 싶다는 생각도 들었다. 얘기를 듣다 보니 어느덧 약속한 시간이 됐다. 아쉬움이 남긴 하지만 '오늘은 이만 마쳐야겠군' 하는 생각을 하던 찰나에 카네기가 함께 저녁을 먹자고 제안했다.

"이 인터뷰는 이제 시작일 뿐입니다. 자, 함께 집에 가서 식사합시다. 그 후에 인터뷰를 계속하도록 하지요."

나는 뜻밖의 초대에 흔쾌히 응하며 내 앞에 새로운 길이 열리고 있다는 사실을 직감했다.

성공철학의 핵심

　식사를 마친 후 인터뷰는 계속됐다. 카네기는 성공철학에 관해 이야기하기 시작했다.

　"기자 양반, 철학을 좋아하시나 모르겠소. 소크라테스나 아리스토텔레스부터 시작하여 데카르트나 에머슨까지 수많은 철학자와 철학이 존재하지요. 하지만 그것들은 대부분 도덕에 관한 철학에 한정돼 있습니다. 이런 철학들도 필요하기는 하겠지만 학자들 말고 오늘을 사는 일반 사람들에게는 새로운 철학이 필요합니다. 물질적인 재산을 축적하는 행위를 멀리해야 진리를 깨달을 수 있다고 주장하는 학자들이 많지만, 저는 다르게 생각합니다. 되레 자연법칙과 인간사의 법칙이 일치하기 때문에 열심히 경제활동을 하면서도 삶의 이치를 깨달을 수 있다고 말이죠. 지금 이 시대에 필요한 것은 부를 쌓고 이루는 방법에 대한 철학입니다. 이 철학을 체득하면 거리의 부랑자도 나와 같은 부자가 될 수 있답니다."

　나는 그의 얘기에 귀를 기울였지만 낯선 개념과 주장이 바로 이해되지는 않았다.

　'성공철학? 그걸 철학이라고 할 수 있을까? 철학은 진리를 향한 탐구라고 알고 있는데. 게다가 철학이 거지를 부자로 만든다고?'

　하지만 인터뷰를 진행할수록 나는 카네기의 묘한 매력에 이끌리고 압

도당하는 기분이 들었다. 예상과 달리 점점 흥미진진해진 인터뷰는 사흘 동안이나 계속됐다. 인터뷰가 끝날 무렵 카네기는 나에게 한 가지 제안했다.

"내가 사흘에 걸쳐 풀어놓은 성공철학에 대한 생각을 이해했을 겁니다. 이제 한 가지 제안을 할 테니 간단하게 답을 해주기 바랍니다. 내가 당신에게 오늘 얘기한 내용을 바탕으로 성공철학을 완성해보지 않겠습니까? 인터뷰할 사람들도 소개해주겠습니다. 이 일을 마무리 짓기까지 20년 이상의 세월이 걸릴 터인데, 이 일을 맡아서 마무리 지을 자신이 있습니까?"

카네기의 갑작스러운 제안에 나는 놀랐다. 그것은 너무도 커다란 도전이었기 때문이다. 그러나 알 수 없는 내 안의 힘에 이끌린 나는 짧지만 결연하게 대답했다.

"네, 제가 그 일을 이루어내겠습니다."

나중에 알게 된 사실이지만 그날 카네기는 내게 제안하면서 대답하기까지 얼마나 걸리는지 시간을 재고 있었다. 스톱워치를 주머니에 넣고 나의 대답을 기다리고 있었던 것이다. 카네기가 정한 마지노선은 60초였다. 그날 내가 대답하는 데 걸린 시간은 29초였다. 만약 내가 조금만 더 머뭇거리고 고민했다면 기회는 날아가고 말았을 것이다. 시간을 쟀던 이유를 물으니 카네기는 이렇게 말했다.

"내 경험에 의하면 결단력이 부족한 사람들은 시간과 여건이 충분해도 결국 일을 해내지 못하더군요. 하지만 즉시 결정을 내리는 사람들은 비록 난관에 부딪히더라도 그 일을 실행에 옮깁니다."

29초의 결단으로 나는 세계 최고의 갑부와 새로운 계약을 맺게 되었다. 나는 생각지도 못한 기회를 잡았다는 생각이 들었다. 그런데 또 다른 반전이 기다리고 있었다.

"좋아요. 당신은 성공철학에서 가장 중요한 '명확한 목표'의 자질이 있군요. 그럼, 꼭 필요한 또 하나의 자질을 가졌는지 봐야겠습니다. 내가 제안한 그 일, 성공철학을 완성하는 데는 20년 이상의 세월이 걸릴 것인데 그동안 나는 당신에게 연구에 도움이 될 만한 적당한 인물을 소개해 줄 것이오. 그러면 당신은 그 사람들을 만나 인터뷰하고 그것들을 체계적으로 정리해 나가야 합니다. 하지만 그에 필요한 경비는 스스로 조달해야 해요. 아무런 보수가 없더라도 끝까지 잘해낼 자신이 있습니까?"

순간 나는 잘못 들은 것은 아닌지 내 귀를 의심했다. 세계 최고의 부자가 제안한 일을 하는데 보수를 한 푼도 받을 수 없다니, 정말 당황스러웠다. 크고 작은 모든 일에는 그에 상응하는 대가가 주어지는 게 당연하지 않은가? 나는 물었다.

"그렇게 시간과 노력이 많이 드는 중요한 일을 제안하면서 경비를 지원하지 않는 이유를 알 수 있을까요?"

내 질문에 카네기는 앞으로 다가앉으며 말했다.

"돈이 아까워서 그러는 게 아니오. 보상이 없어도 세상에 대한 봉사의 의미로 그 일을 할 수 있는 충분한 그릇이 되는지 알고 싶어서 그런 겁니다. 우리가 성공했다고 평가하는 많은 사람이 보수를 쫓기보다는 봉사 정신을 따랐다는 사실을 기억했으면 하오. 그들은 아무런 대가도 바라지 않고 세상을 위해 아낌없이 자신을 희생했습니다. 그 결과 영원히 우리 마음속에 빛나게 된 것입니다. 나는 그동안 여러 개인과 단체에 재정적인 지원을 해왔습니다. 그것이 선하고 좋은 일이라 믿었기에 행한 일이었지만 그 과정까지 늘 좋았던 것은 아니었고, 지원받은 이들에게 꼭 긍정적인 영향을 미치는 것은 아니라는 것을 알게 됐습니다. 당신에게 제안하기 전에 이미 250여 명의 능력 있는 사람들이 같은 제안을 받았지만, 그들 모두 첫 번째 조건인 명확한 목표를 가지지 못했거나 무보수로 일할 수 있느냐는 제안을 거절함으로써 당신에게 기회가 온 것입니다. 만약 당신이 내가 준 이 기회를 잘 활용한다면 내가 가진 부의 규모를 능가하는 엄청난 부와 명예를 그 보상으로 받게 될 것이오. 연구하면서 당신은 거장들의 탁월한 경험과 지식을 모두 흡수하게 되고, 마침내 성공철학에 통달하게 될 것이기 때문이지요. 그 결과 세상에 거대하고 선한 영향력을 행사하게 될 것이고, 그 영향은 아직 세상에 태어나지 않은 후세 사람들에게까지 멈추지 않고 이어질 것이오. 다른 사람을 부자로 만드는 사람은 그에 상응하는 보상을 받게 되어있지요. 이 일을 함으로써 가장 큰 보상을 받는 사람은 바로 당신이 될 것이오."

또다시 마음속의 갈등이 시작되었다.

'도대체 이 사람이 무슨 말을 하는 것인가? 마치 대단한 일을 이루게 하려는 것 같지만, 결과적으로는 20년간 무보수로 일하라는 거잖아?'

나의 마음속에는 두 가지 음성이 속삭이고 있었다.

'대학에 다니는 돈도 만만치 않은데, 여기서 지출이 더 늘어난다면 그건 무리야. 거절하라고.'

'어서 예스라고 대답해. 무엇을 머뭇거리는 거야? 이건 다시 없을 큰 기회야.'

로스쿨 진학을 결정할 때도 마음의 갈등을 겪었다. 그때도 취직할 것인지 로스쿨에 갈 것인지 마음속에서 두 목소리가 부딪혔다. 하지만 그

때 나는 더 강한 목소리인 긍정의 소리를 따랐다.

'대학을 가라! 학비는 어떻게든 마련할 수 있어!'

그때처럼 내 마음속 긍정의 자아는 빨리 '예스'라고 답하라고 재촉했다.

나는 다시 물었다.

"20년 동안 말이죠?"

"그렇소."

"좋습니다. 하겠습니다."

나는 이해하기 어려운 조건을 수락하면서 다시 한 번 그 제안을 받아들였다. 나는 직감적으로 선택했다. 논리적으로 아무리 따져도 답이 나오지 않는 상황에서 내면의 목소리에 귀 기울였고 그 목소리를 따라 결정을 한 것이다.

솔직히 그날 내가 카네기에게 보여준 태도는 조금 부끄러운 것이었다. 살면서 수많은 중요한 선택을 했다. 그중에서 어려운 선택도 많았다. 하지만 카네기를 만나 그 선택을 했던 순간은 부끄러웠다고 고백할 수밖에 없다. 카네기가 엄청난 제안을 하고 있던 그 순간에 나는 주머니 속 푼돈만 세고 있었다. 아무리 세어 봐도 워싱턴으로 돌아갈 정도밖에 없었던 것이다. 커다란 대업을 앞두고 차비 걱정을 하는 내 모습을 한번 상상해보라. 하지만 결국 심장에서 들리는 직관의 목소리를 따랐던 것은 탁월한 선택이었다고 생각한다. 나는 다시 생각했다.

'카네기 같은 사람이 나에게 사흘 동안이나 시간을 내서 얘기해 준 것은 분명 이유가 있을 거야. 사흘 동안 들려준 이야기만 해도 충분히 가치가 있어. 거기다 카네기의 이름을 걸고 성공한 이들을 만나 인터뷰하는 것은 잡지사 기자 신분으로 인터뷰 요청을 하는 것과는 차원이 다르지.'

인터뷰를 모두 마치고 그 특별한 과업 이야기도 마무리 지을 무렵 카네기는 한마디를 덧붙였다.

"나폴레온, 성공철학을 완성할 즈음에 당신은 '진실한 자아'를 발견하게 될 것이오."

"'진실한 자아'라고요? 그것이 무엇인지 아직은 알 수 없지만, 저에겐 또 다른 소득이겠군요."

성공철학은 무엇이고 '진실한 자아'는 또 무엇인지 그때는 알 수 없었지만, 그 미지의 세계는 나에게 두려운 만큼 설레고 기대되는 것이었다.

나는 집으로 돌아오면서 알 수 없는 신비한 세계를 다녀온 것 같은 착각이 들었다. 현실 세계가 아닌 다른 우주나 다른 차원에 갔다 온 것 같은 느낌이었다.

돌아오는 기차 안에서 카네기가 적어 준 명단을 살펴보았다. 명단 속 인물 중에는 이름만 들어도 누구나 알 수 있는 거물들이 많았다. 이런 인물들을 만나는 것 자체가 내 삶의 놀라운 이벤트 같았다. 그들과 얘기를 나누면서 그들의 개성을 느끼고 그들이 걸어온 길과 성공 비결을 알게 되는 일은 정말 재미있고 많은 것을 배울 수 있을 것 같았다. 명단을 보다가 문득 카네기가 했던 말이 생각났다.

"큰 성공을 거둔 사람들의 이야기가 알고 싶다면 도서관에 가서 위인전을 보면 될 것이오. 하지만 그것만으로는 부족합니다. 그것은 살아있는 이야기도 아니고 실제 적용하기도 힘들지요. 당신이 할 일은 위인전을 쓰는 일과는 달라요. 내가 소개한 사람들을 20년간 관찰하면서 그들이 어떻게 성공했는지 살펴보는 것입니다. 어떨 때 성공하고 어떨 때 실패하는지 잘 살펴봐야 합니다. 그들 대부분은 아직 성공했다고 단정하기는 어려운 인물들이거든요."

　다시 정리해 보자면 카네기가 나에게 맡긴 일은 20년간 수백 명의 흥망성쇠를 지켜보고 그것을 조사하고 정리하라는 것이었다. 카네기가 나에게 전해준 성공의 원칙들이 실제 어떻게 작동하는지 똑똑히 지켜볼 참이었다. 나는 달리는 기차의 창밖을 바라보며 생각에 잠겼다.

　'카네기가 말한 성공철학의 핵심은 명확한 목표와 보상을 생각하지 않고 일하는 습관이군. 그리고 긍정적인 마음 자세나, 자신감과 열정 등 내면을 개발하는 것이야. 그래, 성공에도 법칙이 있을 것 같군. 그런데 '마스터 마인드'는 아직 잘 이해가 안 돼. 곧 알게 되겠지.'

3장

성공철학의 입구에서

현실의 저항 속에서

워싱턴으로 돌아온 나는 흥분된 목소리로 카네기와 있었던 일을 동생에게 얘기했다. 철강왕 카네기로부터 엄청난 프로젝트를 제안받은 사실에 내가 대단한 사람이라도 된 것처럼 뿌듯했기 때문이다. 더구나 250여 명을 제치고 최종 낙점이 된 것은 정말 자랑할 만하다고 생각했다. 마침 집에 와 있던 동생에게 그 사실을 소상하게 설명한 것이다. 하지만 그 얘기를 듣던 동생의 표정은 점점 어두워졌다.

"어때? 대단하지 않니? 나는 내가 이 일을 맡았다는 사실이 꿈만 같아."

내가 자랑을 마치자 마침내 동생이 입을 열었다.

"형, 나는 어렸을 때부터 형이 이상한 행동을 많이 했던 거 알고 있어. 그때는 조금 이상하다고만 생각했는데 이제 확실히 알겠어. 형은 확실히 정상이 아니야. 미친 것 같아."

동생은 이렇게 말하고는 돌아가 버렸다. 나는 망치로 한 대 얻어맞은 느낌이었다. 충격을 받은 나는 카네기와 만났을 때 받았던 의욕과 열정이 한풀 꺾이는 것을 느꼈다. 급기야 '쓸데없는 일을 하려고 하는 것은 아닐까?' 하는 소리가 내 안에서 들려왔다.

친척들과 친구들도 동생과 비슷한 반응이었다. 아무도 내 결정에 찬

성해주는 사람이 없었다. 주변에서 자꾸 그런 반응이 나오자 내 마음은 움츠러들었다. 새어머니만이 내가 맡은 프로젝트를 응원해 주었다. 어머니는 적극적으로 내게 말했다.

"결코, 어리석은 결정이 아니란다, 나폴레온. 그리고 너라면 반드시 할 수 있어. 용기를 내렴. 세계 최고의 철강왕 카네기가 너에게 부탁한 이유는 너를 신뢰하기 때문이야. 분명히 돈 이상의 무엇인가를 얻게 될 거다. 이런 기회는 다시 없을 거야."

나의 정신적 지주인 어머니의 말씀을 듣고 나서야 다시 나 자신을 믿게 되었다. '그래, 어머니 말이 옳아. 다른 사람의 쓸데없는 비평에 귀 기울일 필요는 없어. 긍정적 마음가짐이 중요해. 다시 시작하자.'

다시 용기를 얻은 나는 카네기가 준 명단의 첫 번째 인물인 헨리 포드를 인터뷰하러 갔다.

"우선 디트로이트로 가서 헨리 포드를 만나 그의 이야기를 들어보시오. 그는 앞으로 자동차 산업을 지배할 사람입니다. 자동차는 철강 다음으로 큰 산업 분야가 될 것이 분명합니다."

사실 나는 포드가 어떤 인물이고 누구인지 전혀 알지 못했다. 그가 자동차 산업을 이끌게 될 것이라는 카네기의 말을 듣고 대단한 인물이 틀림없겠다는 막연한 기대를 안고 그를 만나러 갔다. 디트로이트에서 포드가 사는 곳을 찾는 데 꼬박 이틀이나 걸렸다. 겨우 찾아낸 곳은 변두리 마을의 작은 공장이었다. 포드는 자동차 성능을 실험하고 있었다. 내가 다가가자 그는 작업을 멈추고 나에게 다가왔다. 기름 범벅이 된 작업복 차림으로 나에게 악수를 청하는 포드와 인사를 나누다 그만 내 양복에 기름이 묻고 말았다.

'이런, 단벌 신사인데 큰일이군.'

인터뷰도 시작하기 전부터 뭔가 꼬이는 느낌을 받았다. 그런데 인터뷰를 하는 동안 나는 그에게 적잖은 실망을 하였다. 왜냐하면, 그는 내가 질문을 하면 딱 두 마디만 했기 때문이다. 그것은 '예' 또는 '아니오'였다. 그 대답 외에 다른 얘기는 전혀 하지 않았다. 마지막 질문을 마치고 돌아섰을 때 나는 많이 지치고 실망한 상태였다. 그랬더니 마음속에서 부정적인 메시지가 올라왔다.

'그래, 이건 아무래도 미친 짓 같아. 이런 인터뷰를 20년이나 해야 한다고? 혹시 카네기에게 놀아나고 있는 것은 아닐까?'

동시에 반작용처럼 새어머니의 말씀이 떠올랐다.

'너는 반드시 할 수 있어. 돈 이상의 무언가를 얻게 될 거야.'

나는 이내 마음을 고쳐먹었다. 카네기 제안이 아니더라도 내가 원래 잡지사에 제안해 해보려고 했던 일이 아닌가. 카네기를 만나서 그 일을 제대로 하게 된 것뿐이라고 생각했다. 그리고 카네기에게 포드와의 만남을 얘기했다.

"회장님, 죄송한 말씀이지만 포드는 자동차 업계를 지배할 만한 사람으로 느껴지지는 않던데요? 인터뷰 내내 '예', '아니오'로만 답을 하더군요. 말도 별로 없고, 성공자 이미지와는 완전 딴판이었습니다."

"하하하, 그런가요? 말을 잘한다고 해서 성공하는 것은 아니지요. 그에게는 앞날을 내다보는 선견지명과 강한 결단력 그리고 실행력이 있어요. 그가 하려는 일은 자동차의 대량 생산입니다. 자동차는 철강 다음으로 큰 사업이 될 겁니다. 앞으로 누구나 자동차를 타는 시대가 옵니다. 그러니 자동차가 대량 생산된다면 엄청난 부자가 되지 않겠나요? 그는 반드시 성공할 겁니다."

카네기의 얘기를 들으며 깨달았다. '과연 카네기는 앞날을 내다볼 줄 아는 사람이구나.' 미래를 예측하고 변화를 읽을 줄 아는 능력이야말로 성공자들에게 꼭 필요한 능력이라는 것을 새삼 깨달았다. 대부분 사람은 먼 미래를 내다보며 일하기보다 막상 유행하는 것이 자기 눈에 보이면 그 일에 뛰어들게 마련이다. 하지만 그때는 이미 그 일을 미리 준비했던 사람들만 성공을 거두고 후발주자들은 빈껍데기만 움켜쥐다 사라지는 경우가 태반이다. 자동차가 대량생산된다면 자동차를 타는 사람들이 늘어날 것이고 그에 따라 판매나 정비업도 수요가 증가할 것이라는 생각이 들었다. '그렇다면 나도 자동차 관련 사업을 준비해야 하는 건 아닐까?' 목재사업보다는 자동차가 훨씬 더 미래 지향적이었다.

"나폴레온, 혹시 이 성공철학을 정리하는 일이 의미 없다거나 자신에게 별 이익이 없다고 생각하고 있는 건 아니겠지요?"

"글쎄요. 전혀 아니라고 부정하지는 못하겠습니다."

"이봐요, 이 일을 해서 가장 이익을 얻는 사람은 바로 당신입니다. 내가 가르쳐준 인물들을 가장 가까이서 보는 것만큼 큰 행운도 없지요. 사람들이 어떤 사람의 성공담을 들었을 때 그것은 단편적인 것에 불과합니다. 빙산의 일각 정도를 알고 다 알았다고 생각하는 거지요. 그 사람이 겪은 경험과 사건들, 감정 상태 등은 당사자 외에는 모르는 법이지요. 어떤 때는 당사자도 확실하게 알지 못하기도 합니다. 그러니 누군가 가까이서 그걸 보고 제대로 전달해 주는 것이 필요합니다. 가르치는 것이 가장 빨리 배우는 법이라는 말을 들은 적이 있겠지요? 당신은 성공의 원리를 가장 먼저 가장 정확하게 배우는 사람이 될 겁니다."

그의 말은 구구절절 옳았다. 하지만 그러면서도 마음 한구석에 미심쩍은 부분이 남아있었다. 그것은 아마도 그 일이 무보수였기 때문이리라. 그런 나의 속마음을 간파했는지 카네기는 다시 말을 이었다.

"이 일을 무보수로 해야 하는 이유가 있습니다. 눈앞의 작은 이익에 흔들려서는 참다운 성공을 거둘 수 없기 때문이지요. 나는 당신에게 이미 엄청난 재산을 주었어요. 내가 당신에게 준 것은 무에서 유를 형성하는, 엄청난 부를 축적할 수 있는 황금률이라는 재산입니다."

"황금률이라고 하셨습니까?"

"그렇소. 황금률을 실천하는 사람은 자신의 능력 안에서 반드시 성공할 수 있다고 분명하게 말할 수 있습니다. 황금률은 '네가 대접받고 싶은 대로 남을 대접하라'는 원칙입니다. 황금률을 실천하는 사람은 심은 대로 거두는 '보상의 법칙'에 의해 자기가 베푼 것 이상의 결실을 얻게 됩니다. 황금률로 가장 이익을 보는 사람은 상대방이 아니라 호의를 베푼 그 사람입니다. 명확한 목표 아래 황금률을 실천한다면 그 사람은 머지않아 경제적인 이익도 확인하게 될 것입니다. '뿌린 대로 거두는 법칙'에서 예외는 없습니다. 긴 안목으로 보면 황금률을 실천하는 것이 자신에게 가장 큰 이익이 됩니다."

그 얘기를 듣자 머릿속에서 스치는 하나의 장면이 있었다. 그 옛날 겨울밤 나는 두 노인의 대화에 끼어들어 황금률의 가치를 얘기했는데 똑똑한 젊은이라며, 크게 성공할 거라고 말하는 소리를 듣지 않았던가. 카네기로부터 황금률에 대해 들으면서 나는 다시 마음을 다잡았다.

'그래, 카네기의 재산은 유형의 물질적 재산도 있지만, 무형의 재산도 있어. 그것은 그의 지식과 경험이야. 사실 그의 지식과 경험이 물질 재산보다 더 크고 소중한 재산이라고 할 수 있지.'

잠시나마 흔들렸던 나 자신이 부끄러웠다. '이제 다시는 이 인터뷰들의 가치를 의심하지 않을 거야. 나는 세계 최고 갑부로부터 개인 교습을 받고 있다. 그것도 공짜로!'

"지금까지 나는 세상에 부를 나누고 환원하는 일을 했지만, 하나 더 하고 싶은 일은 사람들이 자기 분야에서 성공하여 행복하게 인생을 보내는 방법을 알려주는 것입니다. 그래서 이 일을 당신에게 부탁한 것입니다."

나는 카네기를 처음 인터뷰할 때 명확한 목표에 관해 얘기하던 것이 생각났다.

"명확한 목표를 가지는 방법을 알려 드리겠습니다. 먼저 자신의 목표를 정확하게 종이에 적습니다. 그런 다음 매일 적어도 한 번 이상 소리 내 읽습니다. 이것을 반복하다 보면 그 목표가 자신의 마음에 분명하게 새겨지는 것을 느끼게 될 것입니다. 물론 나도 그 방법을 노동자 시절부터 실천했고 지금까지 해오고 있습니다. 지금은 목표를 적고 말하는 정도에 머무르지 않고 나의 마스터 마인드와 목표를 이룰 세부 계획을 함께 세웁니다. 큰 성공은 마스터 마인드 멤버와 공동의 목표를 향해 협력할 때 쉽게 이루어집니다."

성공철학을 체계적으로 정리하는 큰일을 도모하면서도 그 일을 마음속 명확한 목표로 정하지 못하고 있는 나를 발견하고 깜짝 놀랐다. 다시 나 자신에게 말했다. '명확하지 못한 목표는 명확하지 못한 결과를 가져올 수밖에 없다. 이제부터 성공철학의 완성은 내 평생의 목표다.'

더 이상 방황은 필요 없었다. 나는 나한테 주어진 길을 걸어가야만 했다. 그것은 나의 천명(天命)이었으므로. 나는 두 번째 인터뷰부터 새로운 마음으로 다시 시작했다.

밤에 로스쿨을 다니고 낮에는 자동차 영업을 하면서 틈틈이 인터뷰를 진행했다. 목재사업을 할 때 영업기술을 익힌 덕에 자동차 영업에서도 두각을 나타냈다. 나는 변함없이 자발적으로 더 잘해야 한다는 생각으로 열심히 노력했다. 덕분에 빠르게 성장할 수 있었다. 오래지 않아 자동차 사업에 진출할 기회가 생겼다. 카네기의 말처럼 자동차 대량 생산시대에 맞게 뭔가 준비를 해야 한다고 생각했다. 나는 자동차 기계공학이 장래성 있다고 판단하고 교육기관을 열었다. 여기서 일반 기계공들에게 자동차 조립과 정비를 가르쳤다. 사업은 한 달에 1천 달러가 넘는 순수익을 낼 정도로 빠르게 확장됐다.

나는 짜릿한 흥분에 두 주먹을 움켜쥐었다. '그래, 바로 이거야! 자동차 사업은 황금알을 낳는 사업이었군!' 다른 사업은 별 볼 일 없어 보였고, 이 사업에 내 모든 것을 걸어보자고 마음먹었다.

내 사업이 성장 가도를 달리자 거래하던 은행장은 내게 사업을 더 확장해보라고 권했다.

"힐 대표님, 사업이 승승장구하시는군요. 자동차 관련 사업은 앞으로도 더 성장할 것으로 기대됩니다. 이렇게 상승세를 타고 있을 때 사업을 확장해서 확실한 거점 사업을 만들어 놓으면 향후 대기업으로 성장할 수 있을 겁니다. 제 경험상 가장 확실하고 효과가 분명한 투자는 부동산입니다. 우리 은행도 그쪽 투자로 가장 많은 수익을 거두고 있습니다. 성장 가능성이 많은 기업과 부동산 몇 군데를 소개해 드리겠습니다. 그곳에 분산 투자하신다면 거기서 나오는 수익만 가지고도 지금 버는 수입이상으로 벌 수 있을 겁니다. 우리 은행의 최우수 고객이시니 특별히 그와 관련된 정보를 제공해드리겠습니다."

"하지만 저는 당장 투자 여력이 없습니다. 대출 한도가 꽉 차서 더는 대출도 힘든 상황이고요."

"그런 것은 너무 걱정하시지 않아도 됩니다. 신용등급을 한 단계 더 올려드리죠. 그러면 특별 대출을 받을 수 있습니다. 금리도 가장 낮게 책정될 것이고 당분간은 이자만 내면 되고 원금은 천천히 갚아 나가십시오."

"제가 그런 특별 대접을 받아도 괜찮을지 모르겠네요."

"무슨 말씀을요. 나는 힐 대표님 같은 젊은 사업가의 패기와 열정이 맘에 듭니다. 마치 젊은 날의 나를 보는 것 같아서요. 함께 성장하고 함께 나누며 동반자로 함께하고 싶은 제 마음이랍니다."

"호의를 베풀어 주셔서 감사합니다."

은행장은 보증도 없이 서명만으로 거액을 빌려주었다. 나는 은행장에게 고마운 마음마저 들었다. 은행에서 너무 많은 돈을 빌려주었지만 나는 빌릴 수 있는 한도까지 모두 빌려 은행장이 권한 대로 여기저기에 투자했다. 투자 계약을 할 때는 마치 내가 재벌이라도 된 것 같은 착각이 들었다. 그러면서도 마음속에서는 왠지 모를 불안감이 싹터 올랐다.

'이 은행의 사장은 살인적인 고이율과 인색한 사업방식으로 다른 고객들

의 원성을 많이 샀는데 왜 나한테는 낮은 이자율로 돈을 빌려준 것일까?'

나는 그 이유가 궁금하기도 했지만, 은행장이 내 성공 가능성을 보았을 거라고 편하게 믿어버렸다. 그러다 마침내 문제가 터지고 말았다. 은행장을 믿고 투자했는데 알고 보니 부실기업이 대부분이었고 전혀 수익을 내지 못하고 있었다. 할 수 없이 투자한 부동산을 팔려고 했지만, 그것도 여의치 않았다. 나는 이자를 갚기에도 벅찬 상황이 됐다. 뭔가 일이 잘못돼가고 있다는 것을 느끼고 있었지만 달리 방도가 없었다. 모든 것이 은행장의 계략이었다는 것을 알았을 때 이미 상황은 기울어져 있었다.

내가 빌린 돈을 갚지 못해 옴짝달싹 못 하고 있을 때 은행에서는 내 사업을 자기 것인 양 바로 인수해갔다. 너무나 갑자기 일어난 일이라 나는 어안이 벙벙할 지경이었다.

나는 이 자동차 사업을 지키기 위해 전 생애를 통틀어 가장 많은 애를 썼다. 아내에게 4천 달러를 빌려 쏟아부었지만 헛수고였다. 월수입이 1천 달러가 넘는 사업을 하던 내가, 자동차를 여섯 대나 굴리던 내가, 하루아침에 무일푼이 된 것이다.

가장 절정의 순간에 가장 큰 패배를 맛보는 기분이란 느껴보지 않은 사람은 잘 모를 것이다. 나는 다시 길을 잃었다. 항상 패배의 잔은 쓰고 독하다. 내가 만약 좀 더 지혜로웠다면 당시 나의 실패가 무엇을 의미하는지 조용히 되짚어보았을 것이다. 왜냐하면, 실패는 일시적 패배를 의미하며 그 사람이 잘못된 길로 가고 있을 때 살며시 알려주는 자연의 신호 같은 것이기 때문이다. 하지만 나는 거기까지는 생각이 미치지 못하고 있었다. 물질적 성공을 모든 성공의 가치 척도로 여기던 시절이었으니 말이다.

몇 년 후 나는 호기심에 워싱턴 DC에 있는 그 은행에 가보았다. 은행은 얼마나 더 커졌으며 사람들로 붐비고 있을까 상상하면서 워싱턴 14번가를 따라 천천히 걸었다. 그런데 은행은 파산해 폐업했고 그곳은 커다란 식당으로 바뀌어 있었다. 그 거리를 계속 따라가면 그 은행장이 소유한 대저택이 나온다. 그런데 그 집도 더는 그의 집이 아니었다. 나는 상황을 알만한 지인에게 저간의 사정을 물었다.

"나도 잘은 모르지만 들은 얘기로는 알 수 없는 이유로 그는 하루아침에 폭삭 망하고 말았어요. 혹자는 말하길 자기보다 더 큰 사기꾼에게 걸려들었다더군요. 이쪽 길로 조금만 가면 은행장이 구걸하고 있는 것을 볼 수 있습니다."

나는 그가 가리키는 쪽으로 발걸음을 옮겼다. 잠시 후 나의 사업을 웃으면서 가로챘던 은행장을 만났다. 그는 길거리의 비렁뱅이가 되어있었다. 불과 몇 년 사이 너무도 초라해진 그의 행색을 보면서 나는 이런 생각이 들었다.

'사람들이 그렇게 소중하게 생각하는 돈보다 더 소중하고 귀중한 무엇인가가 있지 않을까?'

하지만 그때는 그것이 각성된 의식으로 자리 잡은 것은 아니었다. 나는 그 생각을 붙들어 철저히 탐구할 생각을 하지 못했다. '심은 대로 거둔다'는 황금률의 진리를 아직 확실하게 깨우치지 못하고 있었다. 그래서 나는 더 배워야 했고 더 실패를 겪어야만 했다.

카네기가 소개해준 사람 중 어떤 사람은 성공 가도에 들어선 사람도 있었고 어떤 사람은 아직 두각을 나타내지 못하고 고군분투하는 사람도

기적을 만드는 사람 **나폴레온 힐**

있었다. 그런데 시간이 지나면서 하나둘씩 성공의 궤도에 들어선 것이 확실하게 보였다.

실제로 포드는 첫 인터뷰를 하고 몇 년 후 T형 자동차를 만들어 대성 공을 거두었는데 그가 만든 자동차는 세계 곳곳을 누비게 됐다. 포드 자동차 왕국이 건설된 것이다. 카네기는 이러한 변화와 그것을 이루는 사람을 보는 안목이 있었기 때문에 큰 성공을 거둘 수 있었다.

인터뷰를 진행하면서 많은 성공자가 카네기에게 성공 노하우를 배우고 적용했다는 것을 알게 됐다. 이러한 사실을 접하면서 나는 성공철학에 대해 강력한 확신을 하게 됐다. 그리고 무보수로 일하는 것의 진정한 의미도 깨달았다.

인터뷰가 진행되고 만났던 사람이 쌓여가자 나는 그들의 공통점을 찾아보려 애썼다. 그런데 나는 그동안 성공한 사람들에 대해 편견이 있었다. 그 생각은 대체로 이런 것들이다.

'그들은 좋은 가문에서 태어나 유복한 환경에서 자란다. 최고의 교육을 받고 유명한 학교를 졸업한다. 일류 기업에 취직해 엘리트 코스를 밟는다. 성격도 밝고 대인관계도 원만하다. 풍부한 인맥을 가지고 있다.'

하지만 자료를 검토하면서 나는 그것이 옳지 않다는 것을 금방 알 수 있었다.

'음, 성공하는 것과 좋은 가문은 별 상관이 없군. 유복한 가정이냐 아니냐도 큰 영향을 미치지는 못해. 에디슨이나 포드 같은 사람은 전혀 교육을 받지 못했어. 심지어 포드는 말주변도 없고, 내성적이잖아!'

이 사람들의 공통점을 어떻게 찾는단 말인가? 나는 처음에는 그들의 공통점이 별로 없다고 생각했다.

'맞아, 운 때문이야. 운이 좋아서 성공할 수 있었어!'

하지만 이내 그것도 정답이 아니라는 것을 알 수 있었다. 그들은 수많은 고난과 역경을 넘었으며 감당할 수 없는 실패를 극복하고 혼신의 노력 끝에 부자가 됐기 때문이다.

'아니야, 운은 절대 아니지. 그들은 불가능해 보이는 일들을 이룬 사람들이야.'

나는 카네기와 포드, 에디슨 등등의 이름을 되뇌며 공통점을 찾았다. 머릿속에 이런 생각이 떠올랐다.

'그들은 성공해야겠다는 뚜렷한 목표가 있었고, 자발적으로 일하는 자세를 가졌으며, 다른 사람들은 생각하지 못하는 창조적 상상력, 미래를 내다보는 선견지명, 생각한 것을 현실화하는 결단력과 실천력을 가지고 있어.'

어렴풋하지만 뭔가 공통점들이 보이기 시작했다.

'그래. 분명히 뭔가 있어. 성공의 황금률은 존재해. 그들은 이러한 요소를 오래전부터 가지고 있었고 경험을 통해 점점 발전시킨 거야. 그들의 공통점을 체계화한다면 하나의 철학이 될 수 있겠군. 그런데 이것들은 카네기가 나한테 설명해준 것들과 매우 유사해.'

인터뷰를 시작하고 2년이 지나자 나는 성공자들의 공통점에 대해 윤곽을 그려나갈 수 있었다. 인터뷰하면서 그들에게 배운 것을 내 생활에 직접 적용해보기도 했다. 그때 나는 내면에서 어떤 거대한 변화가 일어나고 있음을 느낄 수 있었다. 말로 표현할 수 없지만 무언가 강한 신념이 자라나고 있었다.

스스로 선택한 길

자동차 사업이 실패하자 아내는 내게 전공을 살려 로스쿨 쪽 일을 해보라고 했다. 아내 집안에는 사회적 지위가 높은 사람들이 많아서 나는 그들의 도움으로 꽤 규모 있는 석탄회사의 법률고문 보좌관 일을 하게 됐다. 덕분에 다른 초급자들이나 내가 지닌 능력에 비해서도 많은 월급을 받았다.

좋은 연줄의 덕을 본 것이다. 나는 큰 노력을 하지 않아도 그 자리를 지킬 수 있었다. 법적인 지식과 경험은 부족했지만, 나의 확고한 기본 원칙인 일을 자발적으로 더 잘하는 것이 여기서도 통했다. 나는 누가 시키기 전에 자발적으로 일했다.

그 결과 나는 신속하게 그 일에 적응했으며 빠르게 승진할 수 있었다. 아마 마음만 먹으면 평생 이 직장에서 편안하게 살아갈 수 있었을 것이다. 하지만 나는 무언가 불만스러웠다. 안정된 생활에 익숙해지자 무기력해진 내 영혼은 새로운 일에 도전해보라고 부추겼다.

마침내 나는 친구와 가족들이 깜짝 놀랄 일을 저지르고 말았다. 나는 스스로 사직서를 제출한 것이다. 아내는 내게 왜 일을 그만두려고 하는지 자신이 납득할 만한 설명을 요구했다.

"도대체 왜 갑자기 일을 그만두려고 하는 거예요? 문제가 있었던 것도 아니고 급여가 부족한 것도 아니잖아요. 당신이 또 사업을 하려고 한다면 나는 절대 반대에요. 나는 더는 불안정하고 불안한 삶을 살고 싶지 않아요. 내게 충분한 설명을 못 하겠으면 사직서 제출을 취소하겠다고 해요."

"누가 봐도 이해 못 할 일이라는 것을 나도 잘 알아요. 나도 내가 왜 그만두어야 하는지 충분한 설명을 할 수 없으니까."

"회사 사람들도, 주변의 친구들도 모두 반대한다고 들었어요. 제발 정신 좀 차려요."

"그들이 왜 반대하는지 충분히 이해하오. 굳이 이유를 설명해야 한다면 이렇소. 일이 너무 쉬워서 그러오. 너무 힘이 들지 않아서 타성에 젖어가는 나를 발견하곤 하지. 나는 쉬운 일에 익숙해져 가고 있단 말이오. 그렇게 가면 퇴보하는 것은 시간문제요. 나는 더 나아지기 위해, 전진하기 위해서 그만두려고 하는 것이라오."

내 주위에는 나를 도와주는 친구들과 친척들이 있었다. 내가 원하는 한 자리를 보전하는 것은 아무 문제도 되지 않았다. 좋은 차를 타고 좋은 집을 사고 넉넉한 급여를 받았다.

하지만 나는 성공자들의 인터뷰를 계속하고 있었고 그러면서 한 가지 깨달은 것이 있었다. 그것은 '오직 애쓰고 노력할 때에 한해 힘이 세지고 성장할 수 있다'는 것이다. 쓰지 않고 내버려 두면 그것은 쇠퇴하고 사라지고 만다. 나는 스스로 쇠퇴하고 있다는 것을 느꼈고, 성장하기 위해 회사를 그만둔 것이다. 이때 나는 나 자신과 진지한 대화를 많이 했다. 이 선택은 특별했다. 누구의 강요가 아닌 스스로 선택한 나를 위한 결단이었다.

석탄회사의 일을 그만두고 그다음 내가 선택한 곳은 시카고였다. 시카고는 경쟁이 가장 치열한 곳이고 그곳에서 큰 성공을 거둔다면 내게도 진정한 성공의 자질이 있다는 것을 사람들에게 증명할 수 있을 거라는 생각을 했다. 이때부터 성공의 기준과 척도에 조금씩 변화가 생겼다. 다른 사람들에게 내가 가진 성공의 자질을 증명하는 목표라니. 이런 걸 얘기한다면 듣는 사람은 뭐라고 느낄까? 참으로 해괴한 목표와 논리를 가지고 있다고 고개를 갸웃거리는 사람이 대부분일 것이다.

나도 내가 어떻게 해서 그런 생각을 하게 됐는지 확실하게 근거를 잡아낼 수는 없다. 하지만 사람은 논리와 이성 말고도 직관이나 마음의 명령에 따라 선택하고 결정을 내리는 경향이 있다. 나는 어떨 때는 한없이 논리적이다가도 어떨 때는 내면의 직관에 의존하기도 했다. 하지만 나는 직관의 힘에 더 기울어져 있다고 보는 것이 좋을 것이다.

나는 변변한 소개장도 없이 시카고로 갔다. 그곳은 혈연이나 지연 등의 도움을 전혀 받을 수 없는 곳이었다. 오직 나의 실력만으로 일어서리라 마음먹었다. 나는 통신학교의 광고담당자가 되었다. 광고에 대해서는 전혀 문외한이었지만 이전의 자동차 영업 경험이 도움이 되었다. 그리고 이번에도 나의 오랜 친구와 함께했다. 내 마음속 친구인 '자발적으로 더 잘 일하는 원칙'은 나의 부족한 부분을 충분히 채워주었다.

첫해 나의 수입은 석탄회사에서 근무할 때와 액수 면에서 나아진 것은 아니지만 혼자 힘으로 이뤄낸 성과라는 내용 면에서는 값진 것이었다. 마음속에서 다시 성공에 대한 열망이 꿈틀거렸다. 나의 성공기준은 아직도 돈으로 계산되는 물질적인 것이었다. 내가 도달하고 싶은 무지개의 끝에 올라설 수 있다는 확신이 생겼다.

그 당시 나는 스스로 하나의 실험을 진행했다. 그것은 보상을 생각하지 않고 하나의 일을 해보기로 한 것이다. 여러 통신판매회사에서 광고 전단지, 카탈로그 등을 나에게 보냈다. 나는 팸플릿에 있는 내용을 유심히 관찰한 결과 개선할 점이 많다는 것을 발견했다. 그것을 보면서 하나의 생각이 떠올랐다.

'만약 광고지의 내용을 수정해서 보내면 해당 회사에서 어떤 반응을 보일까? 아마 좋아할 것이고 내게 광고 제작 업무를 의뢰할 수도 있겠지. 만약 아무 반응이 없다 해도 광고에 관해 공부할 수 있는 좋은 기회가 될 수 있을 거야'

생각이 여기에 미치자 나는 수정이 필요한 곳에 개선점을 메모하여 그 회사로 광고지를 돌려보냈다.

"귀사의 홍보 책자에 있는 내용 중 개선점이 필요한 곳을 수정하여 보내드립니다. 기존 자료에 제가 가진 아이디어를 약간 수정한 것인데 추가로 거래를 원하신다면 더 많은 도움을 드릴 수 있을 것입니다."

이렇게 보내고 나면 대부분 업체에서 광고를 제작해 달라는 의뢰를 했다. 다른 광고업체에서는 홍보비를 많이 지출하고 있었지만 나는 광고비를 한 푼도 들이지 않고 일거리를 받을 수 있었다. 또 이미 상대 회사의 광고에 대한 피드백을 받은 상태에서 주문하는 거라서 신뢰가 높은 상태였고 소통하기가 수월했다.

물론 어떤 회사에서는 내 아이디어를 채택하고도 아무 연락을 안 한 곳도 있었다. 그런데 아이디어를 보낸 회사 중 한 곳의 직원이 독립하여 회사를 차렸는데, 나에 대해 알고 있었으므로 나에게 많은 양의 일거리를 의뢰했다. 그가 근무했던 회사와 거래를 했을 때보다 훨씬 많은 물량이었으므로 나의 노력은 충분히 보상을 받았다.

내가 자발적으로 불특정 다수의 업체에 도움을 주자 많은 업체에서 내게 주문을 했고, 나는 따로 광고할 필요도 없이 홍보 효과를 누릴 수 있었다. 얻기 위해서는 먼저 주는 것이 중요하다는 사실을 확인했다. 황금률의 원칙은 항상 작동되고 있었다.

성공철학으로 문제를 해결하다

성공철학을 연구하면서 나도 성공철학의 전문가가 되어감을 느꼈다. 어느 날 나에게 그동안에 익힌 성공철학을 적용해 볼 기회가 생겼다. 내가 웨스트버지니아주의 램버포트에 있는 처가를 처음 방문했을 때였다. 처음으로 처가를 방문하는 것이라서 새 옷으로 맞추어 입고 집을 떠났다. 처가로 가는 방법은 두 가지가 있었다.

하나는 클락스버그에서 램버포트까지 연결된 철도를 이용하는 것이었고. 또 하나는 램버포트에서 3마일 정도 떨어진 헤이우드까지 전차가 운행되니 전차를 탄 후 램버포트까지 걸어가는 것이다. 따라서 클락스버그에서 램버포트까지 가는 기차를 이용하면 처가에 가기가 수월했다. 그런데 내가 클락스버그에 도착했을 때는 램버포트로 가는 기차가 이미 떠났고 오후 늦게야 다음 기차가 온다는 얘기를 들었다. 나는 그때까지 기다리는 것이 싫어서 전차를 이용하기로 했다. 그렇게 하려면 헤이우드에서 전차를 내려 3마일을 더 걸어야 했다. 나는 거기서 마차를 탈 요량이었다.

그런데 헤이우드에 도착했을 때 오기로 한 마차는 오지 않고 비가 억수같이 쏟아졌다. 결국, 나는 커다란 가방을 두 개나 들고 폭우 속을 3마일이나 걸어야 했다. 길은 푹푹 빠질 정도로 험했고 가방 때문에 제대로 비를 피할 수도 없었다. 처가에 도착했을 때 신발은 온통 진흙투성이였으며 정장은 완전히 젖고 진흙 얼룩으로 엉망이 돼버렸다. 기분이 좋을 리 없었다. 속으로 씩씩대다가 이 지역 사람들은 이런 고생을 늘 하겠다는 데에 생각이 미쳤다. 그러자 이곳에 전차를 들어오게 해야겠다는 생각이 들었다. 집에 도착하자 나는 처남에게 물었다.

"이 마을에 전차가 다니게 하면 좋을 텐데 방법이 없을까? 그러면 마차를 기다리지 않아도 될 텐데."

"마을에 전차가 다니는 것은 모든 사람의 소망이지요. 혹시 오면서 강을 보셨어요?"

"봤지."

"마을로 들어오는 곳에 큰 강이 흐르고 있어서 전차를 연결하기 힘들다고 하더라고요. 마을 분들이 12년 전부터 노력을 했는데도 잘 안됐어요. 전차를 들어오게 하는 건 아마 불가능할 겁니다."

그 얘기를 듣자 나는 소리치듯 말했다.

"내가 6개월 안에 다리를 놓겠어."

이 말을 듣고 집안사람들 모두 깜짝 놀랐다.

"만약 그렇게 한다면 우리 집안에서 대단한 영웅이 나오겠군요."

그 얘기를 듣자 나는 '아차! 너무 큰소리를 친 건 아닌가?'하는 생각을 했다. 하지만 이미 말을 내뱉었으니 방법을 연구해보기로 했다.

"이 일을 해결하는 데 도움을 줄 만한 능력과 권위를 갖춘 분을 한 명만 소개해주게."

"이곳 우체국장님이라면 충분한 도움이 될 겁니다."

식구들은 이구동성으로 우체국장을 만나보라고 했다.

다음날 램버포트 우체국장을 만났다. 나는 약간 격양된 목소리로 따지듯 그에게 물었다.

"이것 보십시오. 당신들은 도대체 왜 전차를 램버포트까지 연결하지 않는 겁니까? 사람들이 진흙을 밟지 않고 이 도시를 드나들 방법이 있는데도 그렇게 하지 않는 이유가 뭔지 설명해주겠소?"

"여기 오면서 큰 강을 보았겠지요?"

"물론 보았지요."

램버포트에는 텐마일강이 S자 모양으로 도시를 끼며 지나고 있었다. 이 강은 헤이우드 앞에서 웨스트포크강과 합쳐서 흘러갔다. 램버포트는 도시 대부분이 강에 둘러싸여 있었다. 그런 까닭에 교통이 불편할 수밖에 없었다.

"그 강 때문에 전차가 여기까지 들어올 수 없습니다. 철교를 놓으려면 적어도 10만 달러가 필요한데 어떤 전차회사도 그만한 돈을 투자하려고 하지 않습니다. 우리도 지난 12년 동안 무척 애를 썼답니다."

"애를 썼다고요? 도대체 무슨 애를 썼단 말입니까?"

"우리는 그동안 온갖 특혜를 다 주겠다고 제안했습니다. 종점에서부터 이 도시까지 도로사용권과 시내운행권을 제안했습니다. 그런데 문제는 다리 건설입니다. 그들은 그만한 비용을 댈 수 없다고 일언지하(一言之下)에 거절했습니다. 철로를 더 연장해서 얻는 수입으로는 다리 건설에 들어가는 비용을 건질 수 없다고 합니다. 그러니 어떻게 하겠습니까?"

나는 은행장에게 함께 강둑으로 가서 문제가 되는 곳을 직접 확인해보자고 제안했다. 그는 기꺼이 함께해 주었다. 나는 강둑에 가서 주변 상황을 자세히 살펴봤다.

기적을 만드는 사람 **나폴레온 힐**

강의 양 둑으로 철로가 놓여 있었다. 강에는 낡은 지방도로가 흔들거리는 나무다리로 만들어져 놓여 있었다. 그리고 다리의 양쪽 입구에는 철로가 여러 가닥 교차하고 있었다. 그곳에는 화물 기차가 도로를 가로질러 가고 있었는데 그 기차의 양편 도로에는 사람들이 기차가 지나가기를 기다리고 있었다. 기차는 꽤 오랫동안 도로를 차단하고 있었다. 그 모습을 보면서 어떻게 문제를 해결할지 생각에 잠겼다. 그때 카네기가 인터뷰 때 했던 말이 생각났다.

"상상력을 이용하여 자기 직업에서 성공한 사례는 아주 많습니다. 조지 풀먼은 열차에 침대를 놓아서 침대차를 만들었고 대단한 성공을 거뒀습니다. 침대와 기차는 이미 존재하는 것이지만 그것을 결합하여 새로운 것을 만든 것이지요.

철도 냉장차 역시 그쪽 산업에 혁신을 가져왔습니다. 이것을 발명한 사람은 먼 곳까지 육류를 신선하게 운송할 방법을 고민했고 일반 객차를 아주 큰 아이스박스로 대체해 바퀴 달린 아이스박스를 만들어냈습니다. 이것은 다른 채소나 과일 유통에도 영향을 미쳤습니다.

이처럼 우리 주변에는 많은 기회가 넘치고 있습니다. 그 사람이 얼마나 문제 해결에 관심을 기울이느냐에 따라 보이기도 하고 그렇지 않기도 합니다."

나는 이 일은 새로운 상상력을 요구하고 있다고 생각했다. 나는 우체국장에게 이렇게 물었다.

"저 건너편의 사람들은 화물 기차가 지나가길 기다리고 있군요. 다리가 건설되었으면 저런 불편을 겪지 않아도 되겠지요? 이 도시에도 철도가 필요한 사람이 있을 텐데, 그 사람을 찾아야 합니다."

"시민들뿐만 아니라 전차 운영회사나 화물 운송회사도 철도 연결을 희망하고 있습니다."

"철로가 연결되면 양쪽에 어떤 이익이 생기나요?"

"운송과 관련된 시간과 비용이 절약됩니다. 그리고 보셨다시피 건널목에서는 사고 위험이 따릅니다. 만약 사고가 난다면 그에 대한 보상금도 만만치 않을 겁니다. 그리고 이곳을 방문하는 사람들이 늘어나게 되면 관광수입도 증대될 것입니다. 그래서 시청에서도 다리 건설을 적극적으로 희망하는 것이고요."

"그렇다면 여러 관련 기관들을 하나로 합치면 문제는 해결되는 것이군요."

"그런데 그게 말처럼 쉬울까요? 그렇게 쉬운 일이라면 벌써 해결됐을 겁니다."

"그래요? 제가 일주일 안으로 그 일을 매듭지어 보겠습니다."

나는 다리 건설이라는 명확한 목표와 그 목표를 실행할 구체적 계획을 세웠다. 이것은 성공원리에서 매우 중요한 원칙으로 나는 그것을 그대로 적용했다. 우선 지역 유지 몇 사람에게 가칭 철로 건설 추진 위원회를 구성하게 하고 한 사람을 위원장으로 위촉했다. 나는 그들에게 나의 계획을 얘기하면서 함께 관계기관을 방문하자고 했다.

다음 날, 나는 철로 건설 추진 위원회 위원들과 함께 화물 운송회사의 대표를 방문했다.

"다리 건설비용의 1/3을 귀 회사에서 부담해 주셨으면 합니다. 그렇게만 해주신다면 나머지는 저희가 해결하도록 하겠습니다."

"듣던 중 반가운 얘기군요. 좋습니다. 그렇게 하겠습니다."

다음으로 방문한 지방 의회에도 같은 조건을 요청하자 긍정적인 답을 얻었다.

"만약 나머지 2/3 비용을 다른 곳에서 부담한다면 우리가 비용의 1/3을 부담하도록 하지요."

다음으로 우리는 전차 운영회사를 방문했다.

"만약 귀 회사에서 새로운 다리 건설을 시작한다면 도로사용권을 위임하고 건설비의 2/3를 지원하겠습니다."

"좋습니다. 그렇게만 된다면 우리 회사에서는 당장 도로 건설을 시작하고 비용의 1/3을 부담하겠습니다."

그로부터 3주 후 화물 운송회사와 전차 운영회사 그리고 지방 의회 3자 간에 각각 1/3씩 비용을 부담하는 다리 건설에 대한 계약이 체결되었다.

2개월 후 다리 공사가 시공되고 도로사용권은 이양됐으며, 다시 3개월 후 램버포트에는 전차가 다닐 수 있게 되었다. 처가에서 얘기했던 대로 6개월 안에 다리를 건설하고 철로를 연결했다. 다리의 건설로 그 지역은 큰 발전을 할 수 있었다. 나는 이 일을 해결하는 동안 보수에 대해서는 전혀 생각하지 않았다. 다만 불가능하다고 말하는 사람들에게 그것이 아니라는 것을 증명해 보이고 싶었다.

그런데 돌이켜보니 보수를 생각하지 않고 일한 덕분에 그 일을 제대로 해결할 수 있었다는 사실을 깨달았다. 만약 내가 문제 해결 조건으로 일정액의 수수료를 요구했다면 사람들은 나의 진정성을 의심했을 것이고, 눈앞의 이익에 집착해 이해당사자들을 설득하는 데도 실패했을 것이다.

하지만 내가 아무런 대가도 받지 못한 것은 아니었다.

이 일로 나는 대단한 사람으로 평가받았으며, 거래를 성사시키고 문제를 해결한 공로로 또 다른 기회를 얻었다. 전차 운영회사에서 나에게 경영 고문 자리를 제안했으며, 이 자리는 내가 나중에 러셀대학 홍보부장으로 임명되는 데 도움이 되었다. 이후로도 나는 내 사업과 주변 일들에 성공철학의 원리를 적용해 나갔다.

램버포트에도 능력 있는 지식인들은 많이 있었지만, 문제 해결을 위한 창의적 발상을 하고, 문제를 다각도로 볼 줄 아는 사람이 없었다. 또 그들은 몇 번의 좌절로 더는 생각할 용기를 내지 못했다. 하나의 문제를 해결하기 위해서는 여러 가지 능력이 조화를 이뤄야 가능하며 무엇보다도 해결할 수 있다는 자신감이 중요하다는 것을 느꼈다.

생각의 크기와 질량

카네기의 성공철학을 정리하고 자료작업을 계속하던 어느 날, 잡지사 기자의 경력을 인정받아 시카고 러셀대학의 홍보부장 일을 맡게 됐다. 이 자리는 기존에 있던 자리가 아니라 대학 홍보를 위해 별도로 만든 직책이었다.

일을 시작하고 3개월이 지나자 나는 이 대학이 경영상 큰 위기에 빠져 있다는 사실을 발견했다. 대학의 신용 상태가 불량하여 내가 급료로 받은 수표를 바꾸기 위해서 여러 은행을 전전해야 했고, 나는 이 문제를 해결하고 싶었다. 그래서 카네기가 했던 말을 생각했다.

'커다란 문제에 직면했을 때는 그 문제를 한꺼번에 해결하려고 하지 말고, 문제를 잘게 나누어 세분화하십시오. 그런 다음 그 하나하나를 해결하도록 하세요.'

나는 문제를 해결하기 위해 체크리스트를 만들었다. 문제의 원인을 찾기 위해 하나하나 점검하던 중, 학교 경리부장이 문제라는 것을 알았다. 경리부장은 수업료를 내지 않은 학생들에게 불이익을 주겠다고 위협했다. 이 사실을 안 학생들은 그 얘기에 분노했고 수업료를 내지 않기로 결의한 것이다. 나는 분노한 학생들을 진정시키고 위협을 받은 학생들의 상처를 치유하는 게 시급하다고 판단했다. 나는 경리부장에게 상황을 공유하고 학생들에게 사과할 것을 제안했다. 하지만 그는 나의 제안을 단칼에 거부했다.

"사과라니요? 수업료가 없다면 당장 학교 운영이 불가능합니다. 내가 이렇게라도 해서 수업료를 받아야 직원들 월급을 줄 수 있습니다. 누구 덕분에 학교가 운영되고 있는지 그것부터 똑똑히 알아 두세요."

그는 황금률에서 한창 벗어난 행동을 하고 있었다. 그에게 일을 맡겼다간 상황을 악화시킬 것이 뻔했다. 문제를 해결하기 위해서는 경리부장을 해고해야 했다. 하지만 일방적으로 해고해서는 또 다른 문제가 발생할 수 있었다. 그래서 학교 측에 이렇게 건의했다.

"경리부장은 다른 회사에 취직을 시켜주고, 새로운 부장 자리에는 세일즈 부문에서 일하던 사람을 고용하십시오."

"어째서 세일즈 분야의 인물이어야 하는지 알 수 있을까요?"

"기존에 경리부장이 해오던 방식은 학생들의 자발적인 참여를 방해하고 활동을 위축시킵니다. 무엇보다 강압적인 방법으로 수업료를 독촉한다면 상처 입는 학생이 다수 발생할 것이고 다른 학생들에게도 악영향을 끼칠 것입니다. 더욱이 아직 입학하지 않은 학생들에게까지 안 좋은 이미지를 심어주어 지원자를 줄게 할 것입니다. 학생들의 심리를 잘 알고 서비스 마인드로 접근할 사람이 필요합니다."

"알겠습니다. 그렇게 합시다."

새로 온 경리부장은 이전과 다른 정책을 펼쳤다. 등록금을 내지 않은 학생에게 정성껏 편지를 써서 상황을 공유하고 잘못된 부분에 대해 사과했다.

"학교의 올바르지 못한 판단으로 학생에게 상처를 준 데 대해 깊은 사과를 드립니다. 학생과 가정의 상황을 먼저 살피고 적절한 해결책을 찾

기적을 만드는 사람 **나폴레온 힐**

는 노력을 게을리하였습니다. 거듭 죄송하다는 말씀드립니다. 앞으로는 수업료 외에도 다양하게 참여할 방법을 찾고 학생과 학교가 함께 상생하는 문화를 만들어 나가겠습니다."

그러자 학생들은 마음의 문을 열고 다가오기 시작했다. 그리고 나는 두 가지 계획을 세웠다. 하나는 학생들에게 8%의 이익을 돌려주며 대학의 주식을 판매하는 것이었다. 또 하나는 학생들을 세일즈맨으로 활용하는 것이었다.

"앞으로 학생들은 학교를 홍보하고 새로운 학생을 유치하는 홍보 사원 역할을 하게 할 것입니다. 학생을 유치해 온 학생에게는 그에 부합하는 인센티브가 제공될 것입니다."

"뭐라고요, 학생들에게 영업 인센티브를 준다고요? 그건 말도 안 돼요. 여긴 학교입니다."

이 방법에 대해 학교 이사진에서 반대 목소리가 터져 나왔지만 나는 강력하게 밀고 나갔다.

"소극적인 생각은 소극적인 결과를 가져옵니다. 우리는 반드시 그렇게 해야만 합니다."

사실 이런 방식은 당시에는 생각하기 힘든 일이었다. 다소 당돌하기까지 한 이 방법이 학교 관계자들로서는 부담스러웠을 것이다. 하지만 이 방법으로 학비를 내지 못하던 학생들은 등록금 문제를 해결했을 뿐만 아니라 우수한 학생들을 유치해 오기도 했다. 위험한 모험이었지만 5년 만에 큰 성공을 거두었고 러셀대학은 미국 내에서도 크게 성장하여 이름있는 대학이 될 수 있었다. 항상 깊게 생각해 새로운 돌파구를 찾아내는 것이 문제 해결의 첩경이었다.

몰입과 명상

성공철학을 연구하던 초기 앨머 게이츠 박사와 인터뷰할 기회가 있었다. 게이츠 박사는 심리학뿐만 아니라 그와 관련된 과학 분야에서 학식 있는 사람으로 유명했는데 이 인터뷰는 내게 인간의 정신세계에 대한 사고영역을 확장하는 계기가 됐다.

나는 앤드루 카네기의 소개장을 들고 체비 체이스에 있는 게이츠 박사의 사무실을 방문했다. 내가 도착했을 때 비서는 이렇게 말했다.

"죄송하지만 잠시 기다리셔야 합니다. 지금은 절대 방해해서는 안 된다는 박사님의 엄명이 있었거든요."

"그렇다면 제가 얼마나 기다려야 박사님을 만날 수 있을까요?"

"글쎄요. 세 시간은 족히 걸릴 것 같습니다."

"그런데 제가 방문했다는 사실도 전달하기 어려운 이유가 뭔지 알 수 있을까요?"

그녀는 잠시 머뭇거리다 대답했다.

"박사님께서는 아이디어 개발을 위한 명상을 하고 계십니다."

"아이디어 개발을 위한 명상이라니, 그게 무슨 말이죠?"

"그건 저도 정확히 모르겠습니다. 박사님께 직접 설명을 듣는 게 좋을 것 같습니다. 성함과 연락처를 남겨 놓으시면 박사님께 전달해 드리겠습니다."

"아닙니다. 괜찮습니다. 기다리겠습니다. 박사님이 명상을 마치면 알려주세요."

나는 비서가 말하는 '아이디어 개발을 위한 명상'에 흥미가 생겼다. 뭔가 대단한 비법이 있지 않을까 하는 생각을 했다. 당시 나는 명상에 대해서는 전혀 문외한이었고 그런 방법이 성공이나 아이디어 계발에 어떻게 응용될 수 있는지 짐작조차 할 수 없었다. 다만 게이츠 박사의 명성에 비춰보면 반드시 대단한 비밀이 숨겨져 있을 거라 여겼다.

시간이 꽤 흐르고 마침내 게이츠 박사가 방으로 들어왔다. 비서가 박사에게 나를 소개하자 나는 카네기의 소개장을 그에게 보여주며 간단히 인사를 건네고 바로 명상에 관해 물었다.

"아이디어 개발을 위한 명상은 어떻게 하는 것인가요?"

"내가 어디서 어떻게 아이디어 개발을 위한 명상을 하는지 보고 싶지 않소?"

"직접 보여주신다면 정말 많이 배울 수 있을 것 같습니다."

그는 나를 조그만 방음실로 안내했다. 방은 단순했다. 평범한 탁자와 의자 하나가 있었다. 탁자 위에는 메모장 하나와 연필 몇 자루가 놓여있었고 전등을 켜고 끄는 스위치가 달려 있었다.

"방이 단순하네요. 여기서 어떻게 명상을 한다는 건지요?"

"나는 어떤 문제에 대해 잘 풀리지 않거나 해결하고 싶은 과제가 있으면 여기 와서 전등을 끄고 아주 깊이 생각을 합니다. 어떤 경우에는 아이디어가 떠오르지 않지만 어떤 경우에는 아이디어가 물밀 듯이 밀려옵니다. 보통 두세 시간 동안 이렇게 앉아서 계속 고민을 합니다. 그러다 아이디어가 생각나면 전등을 켜고 생각을 노트에 적어나갑니다."

"박사님께서 명상을 통해 해답을 얻는 것이 어떤 원리에 의해서 가능한 것인지 알고 싶습니다."

"해결해야 할 과제나 명확한 목표를 정한 뒤, 방해를 받지 않는 고요한 장소를 선택해 반복적으로 그 문제에 대해 생각하면 집중도가 높아져 생각의 물결이 잠잠해지고 깊은 생각의 바닷속으로 들어가게 됩니다. 그렇게 되면 평소 의식의 표면에 있던 생각은 꺼지고 하나의 질문과 나만 남게 됩니다. 마음속에 간절한 열망이 생기고 두뇌는 오직 그것을 해결하기 위해 집중하게 되지요. 집중이 시간의 흐름을 타고 흐르게 되면 완전한 몰입 상태가 되는데 그때 '우주 저장창고의 무한 지식'과 연결되고 무의식 속에 감추어진 해답을 찾게 되는 것입니다. 깊은 몰입으로 들어가는 방법을 알기만 하면 누구라도 나처럼 생각의 보석을 무의식의 저 밑바닥에서 캐낼 수 있습니다."

그것은 내게 새로운 세계였다. 앨머 게이츠 박사는 정신을 집중하고 자신의 잠재의식을 활용하여 필요한 아이디어를 얻고 있었다. 그런데 그가 말한 '우주 저장창고의 무한 지식'은 낯설지 않았다. 그것이 카네기가 말한 '무한한 지성에 대한 믿음'과 매우 유사하다는 것을 느꼈다. 위대한 발견을 한 사람들과 성공자들은 잠재의식을 개발하고 무의식의 통로를 이용하여 무한지성과 연결하여 창의적인 생각을 얻고 문제를 해결해 나가는 공통점이 있었다. 이것은 내가 성공철학을 체계화하는 과정에서 매우 큰 영향을 끼쳤다. 게이츠 박사와 여러 번 만나면서 나는 형이상학과 심리학, 잠재력 개발에 깊은 관심을 가지고 이것들을 성공철학의 주요 주제로 연구했다.

나는 게이츠 박사의 사례를 잘 연구한다면 일반인도 천재적인 능력을 발휘할 수 있을 거란 생각이 들었다. 게이츠 박사는 이렇게 아이디어를 개발해서 얻는 지식을 기업이나 사업가에게 전달하고 그 대가로 엄청난 수수료를 받았다. 그 당시 그는 에디슨보다 많은 발명 특허를 보유하고 있었다.

알렉산더 그레이엄 벨도 그와 유사한 의견을 제시했다. 그는 우주의 보이지 않는 힘을 '무한한 지혜'라고 했다. 목표를 분명하게 세우고 그 목표를 성취하기 위해 고도로 정신을 집중하면 생각하지 못했던 아이디어를 얻게 되는데 그것들이 '무한한 지혜'의 산물이라는 것이다. 에디슨도 비슷한 의견을 제시했다. 그는 생각 에너지는 '무한한 지혜'가 객관화되어 나타난 것이고, 무한한 지혜의 에너지는 인간의 두뇌를 거쳐 다양한 아이디어로 분화된다고 생각했다. 그것은 카네기가 인터뷰 때 말한 견해와도 일치하는 것이었다.

"에디슨이 백열전등을 발명했을 때 '우연히' 숯을 만드는 원리가 생각났다는 신문 기사를 읽고 그에 대해 질문한 적이 있습니다. 그때 에디슨은 '어떤 이미지화 된 하나의 생각이 갑자기 떠올랐고 나는 그것이 내가 그토록 찾던 잃어버린 연결고리라는 사실을 즉각 알 수 있었습니다. 직접 실험을 해보지는 않았지만, 확신에 찬 신념이 느껴졌습니다'라고 얘기했습니다.

에디슨의 이 말을 통해 잠재의식에 존재하는 문제 해결의 실마리를 의식 상태로 끌어올리는 것이 중요하다는 것을 짐작할 수 있습니다. 문제를 해결하고자 하는 에디슨의 간절한 마음이 잠재의식에 전달되고 무한한 지성과 연결이 가능해져서 지혜를 공급받아 우연이라는 상황을 통해 에디슨의 의식에 다다른 것이라고 추론할 수 있습니다.

따라서 상상력을 계발하는 첫 번째 방법은 무언가 목표를 정하고 마음을 한 곳에 집중하는 것입니다. 그러면 마음이 신념으로 가득 차게 되는데, 그것은 자동암시의 형태로 잠재의식을 꿰뚫게 됩니다. 그렇게 되면 무한지성과 연결 통로가 만들어지고 지혜의 바다에서 해결책을 건져내게 되는 것입니다."

나는 벨과 에디슨이 말한 '무한한 지혜'와 게이츠의 '무한 지식'과 카네기의 '무한한 지성'을 비슷한 개념으로 이해했다. 이 지혜로운 인물들과 만남을 통해 나는 인간의 내면세계를 개발하는 것이 성공철학에서 매우 중요하다는 결론을 얻게 되었다.

4장

성격 분석과 문제 해결

기회는 스스로 만드는 것

카네기는 평범한 노동자도 큰 성공을 이루고 부자가 될 수 있는 성공의 법칙이 존재한다고 했다. 그것을 체계화하기 위해서는 성공사례도 연구해야겠지만 실패사례도 깊숙이 들여다보며 탐구할 필요가 있었다. 나는 카네기가 소개한 사람들을 만나 인터뷰하면서 다른 한편으로 일반인을 만나는 작업을 병행했다.

어느 화창한 주말 나는 시카고에 있는 한 공원으로 나갔다. 공원은 주말을 맞아 가족이나 지인과 소풍을 즐기는 사람들로 붐볐다. 모두 즐겁고 유쾌한 모습으로 나름의 휴식을 취하고 있었는데 그러한 분위기에 동화되지 못하고 어두운 기운을 내뿜으며 스스로 자신을 세상과 격리한 듯한 사람들이 가끔 눈에 띄었다. 부랑자로 보이는 사람들이 벤치나 잔디에 누워 있었다. 그들의 표정과 몸짓에서는 활기라고는 찾아볼 수 없었다. 나는 무엇이 그들을 그렇게 무기력한 사람으로 만들었는지 알고 싶어졌다.

신체 건강하고 멀쩡해 보이는 한 청년이 내 눈에 들어왔다. 나는 누워 있는 그를 깨워 커피와 음료를 건네며 대화를 시도했다. 커피를 한 모금 마시고 그는 자신이 처한 상황과 이유에 대해 말하기 시작했다. 그가 말하는 요지는 이랬다.

"제가 처음부터 일을 안 하려고 했던 것은 아닙니다. 하지만 경기가 좋지 않고 불황이 계속되다 보니 변변한 일자리 얻기도 어려웠습니다. 여기저기 이력서를 넣었지만, 저를 불러주는 곳은 없었습니다. 아무도 저에게 기회를 주지 않습니다. 세상이 기회를 준다면 얼마든지 열심히 일할 텐데요."

그 얘기를 듣자니 한숨이 나왔다.

'맙소사, 세상이 기회를 주지 않다니. 원래 세상은 기회를 주지 않는다. 기회는 스스로 만드는 것이지 않은가?'

"건강은 어떤가요? 어디 아픈 데가 있나요?"

"아뇨, 다행히 아픈 곳은 없습니다. 건강한 편이죠."

"혹시 인생의 목표가 있나요?"

"목표를 가진다고 그걸 이룰 수 있는 세상이 아니잖아요. 금수저로 태어나지 않는 한 목표를 갖는 것도 사치에 불과하죠. 이번 생은 이렇게 끝날 것 같습니다."

그는 냉소를 지으며 마지막 남은 커피를 마셨다. 건강한 신체라는 자산을 가지고 있으면서도 그것의 가치를 알지 못한 채 그의 하루는 덧없이 지나가고 있었다.

그날 인터뷰했던 사람들 모두 대답이 대동소이했다. 마지막으로 인터뷰했던 사람은 준수한 외모의 소유자였다. 그는 점퍼를 얼굴까지 덮은 채 누워 있었다. 그를 깨우기 위해 점퍼를 잡아당기자 그는 귀찮은 표정으로 나를 보더니 이내 옷을 덮고 다시 누웠다. 나는 막대기로 점퍼를 들어서 멀리 가져다 놨다. 그제야 그는 일어나 인터뷰에 응했다.

"잠깐 얘기 좀 할 수 있을까요?"

"무엇 때문에 사람을 귀찮게 하는 거죠?"

"저는 인간의 성공과 실패에 관한 연구를 하고 있습니다. 혹시 전에 직장에 다닌 적이 있었나요?"

"물론입니다. 여러 번 취직했었죠. 지금은 이런 몰골이지만 그래도 유명대학의 박사 출신이거든요."

"그런데 어쩌다 직장을 그만두게 됐나요?"

"저는 누구보다 열심히 일했다고 자부합니다. 저한테 좀 더 많은 시간과 기회가 주어졌다면 제 능력과 가치를 충분히 펼칠 수 있었을 겁니다. 그런데 직장 동료와 사장의 시기 질투로 미움을 받았죠. 그러니 저한테 기회가 주어지지 않았습니다. 그런 일이 여러 번 반복되다 보니 자연히 의욕이 사라지더군요."

"혹시 본인에게 다른 문제가 있었다고 생각하지는 않나요?"

"글쎄요. 저는 다른 사람과 비교해서 탁월한 스펙을 가지고 있습니다. 하지만 세상이 저에게 기회를 주지 않는데 저도 어쩔 수가 없죠. 선생님, 생각해보세요. 저의 조상님은 영국의 명문 가문이었고 저는 박사학위도 가지고 있습니다. 이 정도면 과연 누가 문제가 있는 걸까요? 왜 세상은 인재를 알아보지 못하는 거죠?"

"그러면 마지막으로 한 가지만 묻겠습니다. 이루고 싶은 목표가 뭐죠?"

"목표는 없지만, 저에게 모든 권한을 주고 일을 맡기면 잘할 수 있습니다."

그는 자신의 출신 배경과 학위를 그가 일하는 데 필요충분조건으로 생각했다. 하지만 그는 이루고 싶은 명확한 목표가 없었고, 자신감이 부족했고, 협력의 중요성을 모르고 있었다. 그날 만난 사람들은 모두 명확한 목표와 열정이 없었다. 행동으로 과감하게 실천해야 할 때 머뭇거리고 우물쭈물했다. 그러는 동안 기회는 저 멀리 사라져버린 것이다. 그들은 실패의 원인을 밖에서 찾을수록 성공의 기회는 멀어지고 만다는 것을 증명하고 있었다.

인터뷰를 마치며 집으로 돌아오는 길에 어릴 적 할아버지가 하던 일이 생각났다. 할아버지는 마차 만드는 일을 했다. 할아버지는 숲을 개간하여 밭을 만들었는데, 밭 한가운데 떡갈나무 몇 그루를 남겨 두었다. 숲의 보호를 받지 못한 나무들은 비바람을 견디며 서 있었다. 몇 년이 지나자 할아버지는 그 떡갈나무로 마차 바퀴를 만들었다. 그 나무들은 폭풍과 비바람을 견디며 자랐기 때문에 무거운 짐도 충분히 지탱할 만큼 튼튼했다. 비바람을 견뎌낸 떡갈나무처럼 위대한 창조적인 힘 또한 고난과 역경에서 벗어나려는 힘겨운 노력에서 나온다. 그것이 세상이 그에게 주는 기회의 다른 모습이다. 그러므로 어떤 의미에서 보면 세상은 늘 기회를 주고 있다고 할 수 있다.

나는 그날 사무실로 돌아와 사람들을 인터뷰하기 전에 그들의 성격 분석을 할 수 있도록 사전 인터뷰지를 만들었다. 효율적으로 인터뷰하고 대상자의 특징을 체계적으로 분석하기 위해 기존에 사용해오던 질문지를 보완했다.

자신감을 키우는 방법

성공과 실패의 원인은 내면에 있으며 그 내면을 어떻게 개발하느냐가 성공의 핵심 원리라는 카네기의 말을 되새기며 그 방법을 찾던 중 하나의 놀라운 경험을 했다.

1차 세계대전이 한창이던 어느 날로 기억한다. 초라한 행색을 한 부랑자 하나가 내 사무실에 찾아왔다. 그는 모자를 손에 들고 문 앞에 서서 나와의 면담을 요청했다. 어려운 형편에 있는 사람들이 종종 내게 도움을 요청한 적이 있었으므로 이번에도 비슷한 경우라고 생각했다. 나는 그에게 25센트짜리 동전을 주려고 했다. 그런데 그는 주머니에서 갈색 소책자를 꺼냈다. 그 책은 내가 쓴 〈자기 확신(Self-confidence)〉이라는 소책자였다. 이 논문은 내가 수년 전 응용 심리학 일반과정을 마치며 쓴 것이다. 나중에 소책자 형태로 제작되었는데 한 대기업에서 전 직원들에게 나눠주기도 했다. 그는 책을 손에 들고 나에게 말했다.

"선생님, 어제 오후에 우연히 이 책을 보게 됐습니다. 아마도 제가 이 책을 만나게 된 것은 틀림없이 운명의 손길 때문입니다. 만약 제가 이 책을 만나지 못했다면 저는 이미 이 세상 사람이 아닐 것입니다. 저는 미시간 호수에 가서 목숨을 끊을 생각이었지요. 실낱같은 희망도 찾을 수 없었거든요. 세상 모든 사람으로부터 버림받았고, 심지어 하나님도 나를 버렸다고 생각했거든요. 그런데 이 책을 읽고 마음을 진정할 수 있었습니다. 덕분에 어제 하루는 그런대로 견뎌낼 수 있었습니다. 그러다 이 책을 쓴 분이라면 저에게 새롭게 시작할 방법을 알려주실 수 있을 거라는 생각을 하게 됐습니다. 선생님, 제가 다시 일어설 수 있도록 부디 길을 알려 주십시오."

나는 그의 모습을 꼼꼼히 살펴보았다. 솔직히 그를 위해 무슨 말을 해 줘야 할지 전혀 생각이 나질 않았다. 생기 없는 눈동자, 헝클어진 머리, 푹 파인 주름, 구부정한 자세, 오랫동안 깎지 않은 수염, 콧구멍에 길게 삐져나온 코털, 불안정한 표정에서 나는 그에게 더는 가망이 없음을 느끼고 있었다. 그러나 나는 그에게 일단 들어와 앉으라고 했다. 어떤 얘기라도 좋으니 그동안 있었던 일들을 말해보라고 했다.

"얘기를 다 듣고 난 후에 당신에게 도움이 될 조언을 해드리도록 하겠습니다."

그는 소상하게 지난 얘기를 들려주었다.

"저는 원래 오랫동안 공장에서 현장 근무를 했습니다. 꾸준히 저축한 결과 목돈을 마련할 수 있었고, 거기에 은행의 대출금을 합해 저만의 공장을 차렸습니다. 제 공장을 갖는 게 오래된 소망이었거든요. 그런데 얼마 지나지 않아 세계대전이 일어나고 말았습니다. 주변의 거래처와 사업체들이 하나둘씩 쓰러지기 시작했습니다. 저도 그 영향을 피해갈 수 없었지요. 공장운영에 필요한 기본 자금이 부족했고, 원자재를 구할 돈도 금방 바닥이 났습니다. 얼마 못 가 공장은 멈췄고 결국 파산에 이르고 말았습니다.

그 공장은 저의 인생 자체라 해도 과언이 아니었지요. 저는 제 모든 것을 그 공장에 쏟아부었습니다. 오랜 기간에 걸쳐 만든 공장이었지만 무너지는 데는 하루도 걸리지 않았습니다. 공장 사무실에서 숙식하며 마지막 남은 힘을 다해 공장을 살려보려 했지만 역부족이었어요. 아무도 저를 도와주지 못했습니다.

도저히 가족들 얼굴을 볼 용기가 나지 않았습니다. 그래서 가족과 이별하고 거리를 떠돌게 됐습니다. 무엇보다 세상이 저를 버렸다는 생각에 원망과 분노가 치밀어 올랐습니다. 이렇게 고통 속에서 사느니 차라리 목숨을 끊는 것이 나을 거라는 생각을 했지요. 그래서 생을 마감할 장소로 미시간 호수를 정했습니다.

미시간 호수에 도착해 근처 화장실에 들렀는데 작은 책자가 눈에 들어왔습니다. 그래서 그 책을 집어서 벤치에 앉아 몇 자 읽어보았습니다. 책을 읽다 보니 어쩌면 내가 알지 못하는 다른 방법이 있지 않을까, 하나님이 내게 이런 시련을 준 것은 나를 버리기 위해서가 아니라 쓰기 위해서가 아닐까, 하는 생각을 했습니다. 그래서 그 책을 쓰신 분의 이야기를 직접 들어보기 위해 발걸음을 이곳으로 돌리게 된 것입니다."

"얘기는 잘 들었습니다. 제가 뭔가 도움이 되면 좋겠지만, 지금과 같은 상황에서 해드릴 수 있는 게 아무것도 없어서 유감입니다."

내 말에 그의 눈동자는 흔들리고 얼굴이 창백해져서 금방이라도 쓰러질 것만 같았다. 고개를 떨구며 "그렇군요. 이제 어떻게 해야 할까요?"라고 간신히 말했다.

나는 무슨 말을 해줘야 할지 생각에 잠겼다. 그때 카네기가 인터뷰 때 했던 말이 생각났다.

"열정이야말로 그 사람을 진취적으로 만들고 감정을 자극하여 잠재의식에 충격을 주어 목표를 이루는 에너지를 배가시켜줍니다. 우리 회사에는 트럭 운전사였다가 임원이 된 사람이 있습니다. 그는 자기 일에 열정으로 충만한 사람입니다. 어떤 일을 하든 열정은 중요합니다. 열정이 있는 사람은 상대방을 끌어들이고 상대를 압도할 강력한 힘을 갖게 됩니다. 열정은 다른 사람에게 전파되는 힘이 있습니다. 한 사람의 활기찬 열정이 사업장에 활기를 불러일으킵니다. 열정은 부정적 감정을 물리치는 힘이 있습니다. 그러므로 회사에 긍정적인 열정을 가진 사람이 많도록 관리하는 것은 경영자의 중요한 책무입니다.”

'그래, 이 사람의 마음에 열정의 불을 다시 지펴야 해'

잠시 후 나는 말을 이었다.

“제가 당장 당신을 위해 해줄 수 있는 것은 아무것도 없지만, 생각나는 분이 한 명 있습니다. 그분이라면 당신의 잃어버린 재산을 되찾고 다시 재기하도록 도와줄 것입니다. 정말 대단한 분이랍니다.”

그는 내 말이 끝나기 무섭게 벌떡 일어나 내 손을 잡으며 말했다.

“선생님, 부디 저를 그분에게 데려다주세요.”

그는 간절한 눈빛으로 나에게 손을 내밀었다. 나는 그의 팔을 잡고 내가 성격 분석을 위해 사용하는 심리학 연구실로 데리고 가 한쪽 벽면의 커튼 앞에 세웠다. 이윽고 커튼을 젖히자 전신 거울이 나타났고 그 속에 그의 모습이 비쳤다. 전신 거울을 가리키며 나는 그에게 말했다.

“이 사람이 바로 내가 소개하려던 당신을 도울 수 있는 유일한 사람입니다. 이 사람과 제대로 동업을 하신다면 분명히 재기할 수 있을 겁니다. 하지만 이 사람에 대해 더 잘 이해할 필요가 있습니다. 지금까지 알아왔던 수준에서 멈춘다면 그의 협력을 얻기는 힘들 것입니다. 이 사람과 깊은 대화를 나눠보세요."

그는 거울 앞으로 가더니 덥수룩한 자신의 얼굴을 만져보고 자신을 한참 동안 살펴보더니 고개를 숙이며 눈물을 흘리기 시작했다. 그 광경을 지켜보며 그에게 어떤 변화가 생길지 예측하기는 어려웠다. 사실 큰 변화를 기대하기는 어렵다고 생각했다. 나는 울음을 그친 그를 엘리베이터로 안내하고 헤어졌다. 그에게 별일이 일어나지 않기만을 바랐다.

그런데 나흘 뒤 나는 시카고 거리에서 그를 다시 만났다. 너무나 완벽하게 변화된 모습에 하마터면 알아보지 못할 뻔했다. 그는 군중을 헤치며 힘찬 발걸음으로 내게 다가왔다. 얼굴에는 생기가 넘쳤고 활짝 웃는 모습이었다. 옷은 머리부터 발끝까지 말쑥하게 차려입었다. 초조하고 불안하던 모습 대신 여유 있고 자신감 넘치는 모습이었다. 나는 그에게 자초지종을 물었다.

"하마터면 몰라볼 뻔했습니다. 완전히 다른 사람 같군요. 며칠 사이에 무슨 일이 있었나요?"

"그렇지 않아도 사무실을 방문해 선생님께 제 소식을 전해드리려고 가던 중이었습니다. 그날 선생님의 사무실을 나서고 바로 연봉 3천 달러의 일자리를 구할 수 있었습니다. 그 남루한 행색으로 그런 일자리를 구했다는 게 지금도 믿어지지 않습니다. 모두가 제 동업자와 함께했기 때문에 얻은 결과였습니다. 게다가 사장님이 새 옷을 살 돈까지 주셔서 이렇게 옷도 새로 장만했습니다."

"밝은 모습을 보니 정말 기쁘군요. 가족에게는 연락했습니까?"

"네, 사장님이 가족에게 생활비를 보내라고 월급을 당겨주셔서 집에도 연락할 수 있었습니다. 불과 며칠 전, 생을 마감하려던 모습은 이제 옛

기적을 만드는 사람 **나폴레온 힐**

날이야기가 돼 버렸습니다. 선생님은 제 인생의 방향을 완전히 바꿔놓으셨습니다."

"제 역할은 크지 않습니다. 스스로 자기 마음을 되찾았기 때문에 가능한 일이었지요."

"선생님은 제가 모르던 저의 진짜 모습을 소개해줌으로써 저를 구해주셨습니다. 상담실의 거울 앞에 서기 전까지 저는 저에 대해서 잘 모르고 있었습니다. 인간의 성공과 실패는 상황과 조건에 얽매인 것이 아니라 마음과 의지에 달린 것이라는 것을 이제는 확실하게 알겠습니다."

그는 확신과 자신감에 차 말했다.

"그렇다면 앞으로 동업자와 더욱 긴밀한 관계를 맺어야겠군요."

"네, 앞으로는 부정적인 자아를 멀리하고 동업자와 상의하면서 일하겠습니다. 선생님이 책에 쓰신 대로 마음을 개발하고 아무리 어려운 일이 닥쳐도 긍정적인 태도를 유지하겠습니다. 언젠가 정말로 성공하게 되면 선생님을 찾아뵙고 꼭 합당한 상담료를 드리겠습니다."

말을 마치고 그는 복잡한 거리 속으로 사라졌다. 나는 한참 동안 그의 뒷모습을 지켜보며 서 있었다. 그 모습을 보면서 한 인간의 내면에 숨어 있는 잠재력과 가능성에 대해 큰 깨달음을 얻었다. '자기 확신'에 대한 책을 썼으면서도 나는 아직 자신감으로 충만해지면 사람이 얼마만큼 변할 수 있는지 모르고 있었던 것이다. 카네기는 인터뷰에서 신념의 중요성을 말하면서 목청을 높였었다.

"마음의 한계는 스스로 정한 한계와 명확하게 일치합니다. 따라서 그 한계를 물리치고 새 마음을 건설하는 힘이 '신념'입니다. 신념을 통해 '무한한 지성'과 연결될 수 있습니다. 내가 처한 환경과 조건, 외모 등은 거짓에 불과합니다. 오직 신념으로 무장한 그 마음이 본래의 나라는 사실을 자각하시기 바랍니다."

얼마나 많은 사람이 '거짓 나'를 '진짜 나'로 생각하면서 살아가고 있는가. 나는 사무실로 돌아와 다시 전신 거울 앞에 섰다. 그동안 다른 사람을 도우려고 애쓰면서도 자기 자신에 대해서는 아무것도 모르고 있던 나를 반성했다. 그래서 새로운 결심을 했다. 사람들 내부에 잠들어 있는 잠재력을 흔들어 깨워 자신의 힘을 찾을 수 있도록 돕자는 목표를 세웠다. 참고로 이 이야기의 주인공은 훗날 거대한 기업의 회장이 되었다.

위 부랑자의 방문을 받은 뒤 얼마 되지 않아 한 여인이 사무실로 찾아와 성격 분석을 의뢰했다. 그녀는 단아한 옷차림이지만 그 속에 세련미가 있었고, 표정은 의욕에 차 있었다. 나는 그녀에게 성격 분석을 하려는 목적이 무엇인지 물었다.

"성격 분석을 하려는 특별한 목적이 있나요?"

"저는 시카고의 공립학교 교사였습니다. 그런데 그 일이 저한테 잘 맞지는 않았어요. 아이들과 수업을 하고 하루를 마치면 에너지가 완전히 소진되는 느낌이었어요. 학부모를 상대하는 일은 저를 더 힘들게 했죠. 그래서 학교를 그만두고 다른 일을 했어요. 하지만 거기서도 만족스러운 직장생활을 하지 못했어요. 지금은 결혼해서 주부로 생활하고 있습니다. 하지만 계속 이렇게 살 수는 없어요. 저는 일을 하고 싶어요. 그런데 이번에는 저에게 잘 맞는 일을 찾아서 오래 하고 싶어요. 그래서 제대로 저의 성격 분석을 해보자는 생각을 했어요."

나는 성격 분석표를 주며 우선 그것을 작성하라고 했다.

"질문 내용에 답을 해보세요. 문항은 모두 합쳐 75문항입니다."

그런데 그녀는 질문에 대한 답을 적다 말고 돌아와 나에게 말했다.

"이걸 다 채울 필요가 없을 것 같은데요."

"왜 그렇게 생각하나요?"

"솔직히 말씀드리면 이 표에 있는 어떤 질문을 보면서 떠오른 생각이 있어요. 그래서 지금 뭐가 문제인지 알게 됐어요."

"뭐가 당신의 문제였나요?"

"인생의 명확한 목표가 있습니까? 그렇다면 언제 어떻게 달성할 계획인지 자세하게 서술하십시오. 바로 이 질문이에요. 명확한 목표가 없다는 것이 내 인생의 가장 큰 문제였어요. 문제를 알았으니 따로 성격 분석을 할 필요는 없을 것 같아요. 그래서 성격 분석을 위해 제가 비용을 계산할 필요도 없다고 생각합니다."

말을 마치고 그녀는 가버렸다.

돌아서 걸어가는 그녀를 보며 나는 이미 성격 분석 상담이 제대로 이뤄졌음을 느낄 수 있었다. 그것은 카네기가 말했던 인터뷰 내용에 힌트가 들어있다.

"우리는 학교에서 충분한 배움을 얻지 못했는데도 성공하는 사람들을 볼 수 있습니다. 반대로 고급 교육을 받은 소위 지식인 중에도 자기 밥벌이도 못 해 전전긍긍하는 사람들이 있습니다. 성공은 지식의 유무에 있는 것이 아니라 다른 사람의 지식과 경험을 잘 활용하는 데 있습니다. 'educate(교육하다)'라는 말은 라틴어에서 왔는데 '잠재력을 끌어내다, 계발하다, 발전시키다'의 의미가 있습니다. 따라서 진정으로 교육받은 사람은 자신의 마음을 계발하여 타인의 능력을 계발시키고 목표하는 일에 적용할 줄 아는 사람입니다."

성격 분석표의 질문지를 받고 그녀는 내면의 잠재력을 끌어내어 행동으로 옮기는 단계로 가고 있었으니 더 상담할 필요도 없었다.

그 후 2년간 그녀에 대한 소식을 들을 수 없었다. 그런데 어느 날 그녀는 내게 우편을 보냈다. 거기에는 그녀의 근황이 적혀 있었다.

"선생님, 저는 지금 뉴욕에서 생활하고 있습니다. 그때 성격 분석을 마치고 저는 최고의 광고 카피라이터가 될 목표를 세웠습니다. 목표를 달성하기 위해 노력한 결과 지금은 거액의 연봉을 받으며 집도 장만했습니다. 바쁘게 생활하던 어느 날 선생님 생각이 났습니다. 그날 성격 분석을 받지 않고 나왔지만 이미 상담을 한 것이나 다름없다는 생각을 했습니다.

제가 그날 설문지의 '인생의 명확한 목표가 있나요?'라는 질문 앞에서 제 인생을 돌아보지 않았다면 지금의 저는 존재하지 않을 겁니다. 선생님은 제 인생의 근본 문제와 마주하게 해주셨습니다. 그날의 상담은 다른 어떤 것과도 비교할 수 없는 최고의 컨설팅이었습니다. 그러니 그에 대한 정당한 대가를 지불하는 것이 합당하다고 생각합니다. 그래서 수표를 동봉합니다."

또 그녀는 자신의 작품 초안도 같이 보냈는데 글을 읽자마자 그녀가 천직을 만났음을 알 수 있었다. 더 기쁘고 놀라운 것은 그녀가 편지 마지막에 쓴 내용이었다.

"지금 제가 하는 일은 전혀 일하는 것 같지가 않아요. 그냥 놀이 같아요. 제 자리를 확실하게 찾았다고 생각합니다. 저는 제 일을 사랑합니다."

자기 일을 사랑한다는 말이 그녀의 모든 상황을 말해주고 있었다. 명확한 목표를 가지고 자신감으로 무장한 사람이 얼마나 빠르게 자기 인생을 변화시킬 수 있는지 증명해주는 사건이었다. 반대로 목표와 자신감의 부재는 성공으로 가는 길목에서 치명적인 장애로 작용한다.

나는 의뢰인이 성격 분석표를 작성하면서 몇 가지 질문만으로도 변화되는 사례를 많이 봤다. 내가 성격 분석을 시작한 것은 카네기로부터 성공철학을 완성해달라는 제안을 받고 수많은 사람을 만나면서 그것들을 체계적으로 분석할 목적 때문이었다. 처음에는 심리학을 공부하면서 사람들의 심리와 성격을 분석하는 단순 작업으로 시작하였으나 나중에는 매우 핵심적인 작업이 됐다. 그리고 성격 분석표의 질문에 답하는 과정에서 이미 변화가 일어나는 사람도 종종 볼 수 있었다.

성격 분석표

당신이 성공을 원한다면 다음에 나오는 문항에 진솔하게 답해주시기 바랍니다. 그 답은 오직 당신만이 가진 참모습을 드러내 줄 것입니다. 더불어 당신 자신과 당신 목표를 분석해 줄 것입니다. 당신도 깜짝 놀랄, 당신의 참모습이 궁금하지 않으신가요?

1. 인생의 명확한 목표가 있나요?
2. 목표 달성을 위한 구체적인 계획이 있나요?
3. 자신의 한계는 스스로 만든 것이라는 것이라고 생각하십니까?
4. 자발적으로 더 잘 일하는 습관을 지니고 있나요?

5. 매일 업무 계획을 세우고 있습니까?

6. 다른 사람이 당신에게 바라듯이 그들에게 호의를 베풀고 있습니까?

7. 자신의 마음을 의지로 통제하거나 조절할 수 있습니까?

8. 관심 분야에 대해 지식과 정보를 습득하는 방법을 알고 있습니까?

9. 일할 때 생각에 집중하십니까?

10. 실패를 통해 배운 교훈이 있습니까?

이것이 당시 사용했던 성격 분석표의 질문 75문항 중 내용의 일부이다. 이것은 훗날 〈성공의 법칙〉을 집필했을 때 더 발전하고 단순한 형태로 정리하여 게재하였다. 당시 만 명 이상을 검사하고 상담한 결과 대부분 낮은 점수였고 95% 이상이 명확한 목표가 없었다. 하지만 그 사람들 가운데서도 자신의 약점을 파악하고 개선한 사람들은 사회 각계의 지도자가 되었다. 나는 이 과정에서 성공은 하나의 원리이고 과학적 분석에 입각하여 충분히 원인을 분석하여 그 비법을 익힐 수 있다고 확신하게 되었다.

성격 분석을 통해 사람들에게서 발견되는 공통된 문제점들은 또 있었다. 바로 진취성의 부족을 들 수 있다. 이런 사람들은 자발적으로 일하기보다 주어진 일만 겨우 해 나가는 수준이었고 보상을 생각하지 않고 일하는 것의 중요성을 간과하고 있었다. 당연히 업무에서 리더십을 발휘하지 못했다.

또 한 가지 두드러진 점 중 하나는 대부분의 사람이 자제력이 부족하다는 것이다. 그들은 주위 환경에 따라 쉽게 흔들리고 감정의 동요가 심했다. 부족한 자제력이 성공을 가로막는 이유는 자제력이 부족하면 누가 나에게 무례하게 굴거나 부당한 대우를 했을 때 참지 못하고 똑같이 갚아주려 하기 때문이다. 직장 동료는 물론이고 고객에게도 흥분을 참지 못하고 화를 냄으로써 자기 주변을 적들로 차곡차곡 쌓아나가기 때문에 성공과 멀어질 수밖에 없다.

자제력이 부족한 사람은 남을 헐뜯고 비방하기 좋아하므로 조직의 평화를 깨트리고 화합을 저해하여 조직의 성장을 가로막는다. 나는 성격 분석을 하면서 내 입을 천금같이 무겁게 하리라 마음먹었다. 왜냐하면, 남을 헐뜯고 비방하는 사람들의 비참한 말로를 수도 없이 목격했기 때문이다. 자제력이 있는 사람 곁에는 자연스레 사람들이 모여든다.

한번은 펜실베이니아에 있는 한 운송회사에 일하는 청년의 성격 분석을 한 적이 있었다. 이 사람의 경우 거리가 멀어서 우편으로 분석하게 됐다. 분석 결과는 괜찮은 편이었다. 그런데 그는 성공철학에 대해 반박을 하는 글도 함께 보내왔다.

"자발적으로 더 많이 일하는 것에 대해 저는 반대합니다. 만약 우리 회사에서 그렇게 일했다가는 더 많이 일을 시킬 것이고 아마 병에 걸리고 말 것입니다."

우편에 대한 답변은 우편으로 보내는 것이 일반적이었지만 이 청년을 한번 만나고 싶은 마음에 그에게 시카고로 와 달라는 편지를 보냈다. 청년은 일요일을 이용하여 사무실을 방문했고 나는 그를 집으로 초대했다.

서재에서 마주 앉은 다음 나는 이런 얘기를 해주었다.

"들려주고 싶은 이야기가 있어서 여기까지 와달라고 부탁을 했습니다. 제가 드리는 말씀이 당신의 인생에 귀한 경험이 되기를 바랍니다."

청년은 눈을 반짝이며 나를 바라보았다.

"예전에 탄광에서 근무하던 어린 소년이 있었습니다. 그가 하는 일은 물심부름을 하는 것이었습니다. 물통을 가득 채워 세 번 져 나르고 난 뒤 석탄을 선별하는 곳으로 가 운전기사를 도왔습니다. 어느 날 기사가 짐을 내리는 동안 소년은 갱도로 들어갈 빈 차의 바퀴에 박힌 돌을 쇠막대기로 제거하고 있었습니다. 탄광 소유주가 지나다 이런 소년의 모습을 보았습니다. 그래서 소년에게 물었지요.

'누가 너보고 운전기사를 도우라고 시켰니?'

'시킨 사람은 없어요. 그냥 물심부름하고 시간이 남을 때 이 일을 하는 거예요.'

'그렇게 하면 돈을 더 받는 거니?'

'아니요. 그렇지 않아요. 그냥 제가 좋아서 하는 일이에요.'

소년의 이야기를 다 들은 탄광주는 그를 사무실로 데리고 갔습니다. 그리고 거기서 일을 하라고 업무를 주었습니다. 거기다가 야간 학교에 다닐 수 있도록 배려를 해주었습니다. 이 소년은 훗날 자기 분야에서 꽤 이름을 알린 뛰어난 지도자가 됐습니다. 모두가 자발적으로 더 많이 일한 덕분에 얻은 것들입니다."

이야기를 다 들은 청년은 고개를 숙이고 한참 동안 바닥을 내려다봤다. 그리고 나를 쳐다보며 말했다.

"무슨 말씀인지 잘 알겠습니다. 돌아가서 말씀하신 방법을 잘 적용해보겠습니다."

청년과 나는 악수를 하고 헤어졌다. 훗날 그 청년도 나에게 소식을 전해주었다.

"선생님, 저는 예전에 다니던 직장을 그만두고 다른 곳에서 일하고 있습니다. 선생님과 상담을 하고 회사에서 자발적으로 일하기 위해 노력했습니다. 그 결과 업계에 제 평판이 좋게 소문나 다른 회사로 스카우트됐습니다. 그리고 그곳에서도 자발적으로 열심히 일했습니다. 그 결과 지금 회사에서 고속 승진을 할 수 있었습니다. 자발적으로 일하는 원칙은 의외로 많은 사람이 실천하지 않는 원리라는 것을 알았습니다. 자발적으로 일할 때 새로운 기회가 문을 열고 그 사람을 맞이한다는 것을 이제는 분명히 알겠습니다."

그 청년도 내가 어렸을 때부터 실천했던 성공법칙을 발견한 것이다. 나는 성격 분석을 통해 그 사람에게 맞는 방법과 해결책을 제안했고, 대부분 성공적인 결과를 얻을 수 있었다. 성공철학을 과학화하고 대중화하는 길목에서 참으로 의미 있는 과정이었다.

자기 암시와 일의 성패

나는 그즈음 그동안 성격 분석과 상담했던 내용, 심리연구 결과를 하나의 콘텐츠로 만들었는데 바로 〈서비스 판매기술〉이라는 책이었다. 이 책은 나의 첫 번째 대중서였다. 〈자기 확신〉이라는 갈색 소책자가 한 사람의 생명을 건지고 그 책이 기업체 직원 교육용으로 활용되는 것을 보고 더 많은 사람에게 혜택을 줄 방법을 생각하다가 대중이 편하게 볼 수 있는 책을 써서 보급할 결심을 한 것이다.

책을 다 쓰고 나자 어떻게 홍보를 하면 효과적일까, 고민이 됐다. 그러던 중 유명 인사의 추천사를 실으면 매우 효과가 있을 것 같다는 생각이 들었다. 내가 그동안 인터뷰를 위해 만난 사람들에게 부탁하면 독자들의 관심을 끄는 추천사를 적어줄 것으로 기대했다. 나는 열 명 정도의 명단을 추려 급히 편지를 작성했다.

그런데 내 편지를 읽어보던 비서가 고개를 갸웃거리며 편지 부치는 것을 주저하고 있었다. 그래서 그 이유를 물었다.

"편지 내용에 무슨 문제가 있나요?"

"네, 뭔가 자신감이 부족해 보이고 거절을 암시하는 것 같은 느낌이 드는데요?"

'뭐라고? 거절을 암시하고 있어? 자기가 전문가라도 되는 줄 아는 모양

이군.'

비서의 지적에 나는 자존심이 상해서 순간 화가 났지만 그래도 의견을 들어보는 것이 나을 것 같아 구체적으로 얘기해 달라고 부탁했다.

"몇 분간만 시간을 내서 추천사를 써 주실 수 있는지요? 독자들이 책에 담긴 당신의 메시지를 읽는다면 매우 기뻐할 것입니다. 그렇게 해주시면 저에게는 큰 호의를 베푸는 것이고 독자들도 고맙게 여길 것입니다. 어떠한 결정을 내리시든 제게 베푸시는 모든 배려에 감사드립니다. 바로 이 부분이요. 대표님께서는 강의할 때 상대방의 이익에 집중하라고 하셨잖아요? 그런데 추천사를 쓰면 책의 저자에게 호의를 베푸는 것이라니요? 추천사를 쓴 사람에게 어떤 이익이 있는지 알려주는 게 좋지 않을까요? 그리고 어떠한 결정을 내리시든, 이렇게 표현하면 굳이 추천사를 써야 할 필요를 느끼지 못할 것 같아요."

나는 그녀의 얘기를 듣고 다시 편지를 들여다보았다. 과연 그녀의 말대로 내 편지에서는 어떠한 열정도 느낄 수 없었고 이미 실패를 예견한 듯한 감정이 담겨 있었다. 빨리 결과를 얻고 싶은 욕심에 중요한 걸 놓친 것이다.

"다시 읽어보니 그렇군요. 어떻게 거기까지 생각이 미친 거지요?"

"지난 강의 때 '어떤 작가의 글을 읽을 때 우리는 작가의 열정을 느끼게 됩니다. 물론 반대의 경우도 있지요. 열정이 느껴지지 않는 작품은 독자의 손에서 멀어지게 됩니다. 게다가 번역을 한 작품에서도 작가의 열정은 고스란히 전달됩니다. 만약 누군가 작가의 책을 소개하는 칼럼을 쓸 때 열정 없이 글을 썼다면 아무리 책에 좋은 내용이 담겨 있다 하더라도 그것을 읽는 사람은 책에 대해 깊은 인상을 받지 못할 것입니다.'

라고 앤드루 카네기의 말을 인용하셨잖아요. 인상 깊게 남아서 계속 생각하고 있었거든요. 그런데 좀 전에 편지를 읽다 보니 그 얘기가 생각났어요."

"좋아요. 그럼, 그걸 생각하면서 편지를 한번 수정해 보세요."

나는 편지를 다시 쓸까 하다가 비서에게 편지 내용을 수정하여 써보라고 했다. 얼마 후 비서가 가져온 편지에는 열정과 자신감이 가득 담겨 있었다. 내용이 너무나 훌륭하여 내가 따로 고치지 않아도 될 정도였다.

친애하는 ○○씨

당신이 해낸 만큼의 커다란 업적을 이루지 못한 수십만 명의 사람에게 따뜻한 격려와 조언의 말씀을 해주실 기회가 있어 이렇게 알려 드리게 됐습니다.

저는 지금 막 〈서비스 판매기술〉이라는 책을 완성했는데요. 이 책은 명확한 목표를 가지고 자발적으로 더 일을 잘하면 그에 해당하는 결과를 얻을 수 있다는 내용을 담고 있습니다. 그동안 1만 명 이상을 연구 분석하여 얻은 다양한 사례를 담고 있어 독자에게 생생한 공부가 되리라 생각합니다. 그런데 귀하처럼 밑바닥에서 출발하여 세상에 귀감이 되는 위치에 오른 분들이 해주시는 진실한 조언이 빠진다면 이 책은 아직 완성됐다고 할 수 없습니다.

그러므로 서비스업에 종사하는 이들이 반드시 새겨야 할 필수 요소에 대해 간단히 견해를 밝혀주신다면, 제 책에 내용을 게재하여 성공을 향해 온 힘을 다해 달려가는 모든 사람에게 전하려고 합니다.

바쁘시겠지만 한 줄의 글이라도 적어주시면 수십만 명의 인생에 적지 않은 감동을 줄 것이고 그들은 용기와 희망을 얻게 될 것입니다.

비록 편지를 부치는데 2센트짜리 우푯값밖에 들지 않지만, 당신의 메시지를 듣는 사람들에게는 성공과 실패를 가르는 중요한 의미를 담고 있기에 그 가치는 돈으로 환산할 수 없습니다. 깊이 헤아려주시고 긍정적인 검토를 기대합니다.

이렇게 보낸 편지에 모든 사람이 답장을 보냈다. 그들의 답장에는 책을 홍보할 때 요긴하게 쓸 수 있는 좋은 내용이 많이 담겨 있었다. 모두 현역에서 일하느라 바쁜 사람들이었지만 당사자가 직접 작성한 편지를 보내주었다.

나는 나와 비서가 쓴 두 편지의 중대한 차이점을 분석했다. 처음 편지에는 거절을 암시하는 구절이 들어가 있었고, 책을 쓴 저자를 위한 추천사를 써달라고 했다. 나중 편지에는 열정이 들어있으며 저자를 위해 글을 써 달라는 것이 아니라 보람 있는 일에 글을 써달라고 부탁했다. 누구나 의미 있고 보람된 일에 시간을 쓰고 싶어 한다. 하나는 거절을 암시하고 있었고, 다른 하나는 긍정의 암시가 담겨 있었다. 그다음부터는 아무리 바쁘더라도 부정적인 암시가 들어있는 말과 글을 조심하게 되었다.

이 일을 계기로 나는 '자신감'의 중요성을 절감했다. 자신감으로 무장하지 않는다면 세상에 나가 백전백패하고 말 것은 뻔한 이치이다. 자신감은 얼마든지 노력으로 계발될 수 있다. 사람의 지배적인 생각은 말과 행동으로 드러나게 되고 시간이 지나면서 점차 물리적인 현실로 나타나게 된다. 따라서 사람은 자신이 되고자 하는 모습을 매일 떠올리며 거기에 집중해야 한다. 자신이 이루고자 하는 인생의 중요한 목표에 초점을 맞추고 그것을 이룰 때까지 절대 멈추지 않고 노력할 때 자기 분야에서 점점 더 발전하고 행복한 사람이 될 수 있다.

　사람은 자신의 마음을 무엇으로 채우느냐에 따라 현실과 미래가 달라진다. 마음을 무엇으로 채울지는 당사자가 정하는 것이다. 하지만 아무것이나 채우도록 내버려 둔다면 머지않아 마음은 온갖 부정적인 것들로 가득 차고 말 것이다. 따라서 무엇을 채울지 정했다면 반복해서 잠재의식에 전달해야 한다. 인간의 마음은 습관의 총합이다. 습관은 똑같은 행동이나 말을 되풀이함으로써 만들어진다. 목표를 반복해서 읽는 목적은 자신에 대한 확신이 완벽하게 잠재의식에 스며들게 하기 위함이다.

5장

마음속에 품어왔던 소망

심은 대로 거둔다

　내가 홍보부장으로 일하면서 좋은 실적을 올리자 대학의 사회교육원 총장은 나를 꽤 신뢰했다. 더구나 내가 출간한 〈서비스 판매기술〉은 그에게 깊은 인상을 심어주었던 모양이다. 내가 인간의 성공철학을 깊이 있게 연구하고 있다는 것을 그도 알고 있었다. 마침내 그는 나에게 새로운 제안을 했다.

　"영업의 이론과 실무를 겸비한 사람을 만나기는 참으로 어렵습니다. 그런데 당신은 그 양자를 겸비한 몇 안 되는 사람이군요. 이번에 내가 새로운 사업을 구상 중인데 함께 하면 어떻겠소?"

　"어떤 사업을 계획하고 있으신가요?"

　"캔디 회사를 차릴까 합니다. 캔디 사업이야말로 엄청난 이익이 남는 사업이고 수요도 대단히 많습니다. 현금 회전율도 빠르죠. 나폴레온, 당신이 함께해 준다면 반드시 성공하리라 확신합니다."

　"제가 어떤 일을 했으면 하나요?"

　"나는 당신이 그 회사의 사장을 맡아줬으면 합니다. 그동안 지켜본 결과 당신은 충분히 그 일을 감당할만한 그릇입니다. 부디 거절하지 말아 주세요."

　그리하여 총장과 나는 벳시로스 캔디 회사를 차렸고 나는 초대 사장이 되었다. 회사는 나날이 발전했다. 성공자들을 만나면서 배운 성공원리와 그동안 깨달은 것들을 실천하다 보니 일하기가 한결 수월해졌음을 느꼈다.

나는 열여덟 개 도시에 가맹점을 두었는데, 이제 평생의 직업을 얻었다는 생각을 했다. 캔디 제조업은 수익성이 좋았다. 엄청난 이윤을 남기고 있었고 정말 성공의 무지개에 올라탔다는 확신이 들었다. 그때까지도 돈이 성공의 제일 기준이었으므로 나는 그 끝자락에 거의 도달하고 있음을 의심하지 않았다.

하지만 또다시 시련이 찾아왔다. 세 번째로 참여한 동업자가 또 다른 동업자와 함께 내 지분에 눈독을 들이기 시작했다. 우리 사업체의 이익을 야금야금 가로챌 동안 그들의 계획은 순조롭게 진행되었다. 그런데 내가 그들이 생각했던 것보다 격렬하게 저항하자 그들은 내게 거짓된 정보로 누명을 씌우고 고소를 했다. 그러면서 이렇게 말했다.

"나폴레온, 만약 자네가 지분을 모두 넘긴다면 고소를 취하해주겠네."

"그럴 순 없소. 진실이 아닌 것을 진실이라고 말할 수는 없습니다. 법정에서 모든 진위를 가리도록 하겠습니다."

세상에, 어떻게 그런 사악한 생각을 할 수 있단 말인가? 인간이 얼마나 잔인하고 비열하며 비겁할 수 있는지 나는 태어나서 처음 알았다.

그런데 재판 당일 그들은 나타나지 않았다. 나는 소송을 건 고소인들을 소환해 고소 내용을 진술하도록 법원에 요청했다. 판사는 '여태껏 이런 파렴치한 사건을 본 적이 없다'며 그들이 의뢰한 소송을 기각해버렸다.

나는 나의 명예를 보호하기 위해 5만 달러의 손해배상 소송 청구를 했다. 소송은 5년 후 심사되었는데 시카고 대법원에서 내린 최종 판결을 통해 상당한 금액을 배상받을 수 있었다. 이 소송은 '불법행위에 의한 명예훼손 소송'이라 하는데, 명예를 악의적으로 훼손해 손해를 입힌 경우 보상을 청구하는 것이다. 그런데 일리노이주 법은 패소자가 판결된 확정 금액을 지급하지 않을 경우 그가 금액을 다 갚을 때까지 승소자가 구속할 수 있는 권리도 포함돼 있었다.

내게 그들의 운명을 좌우할 힘이 생긴 것이다. 나는 묘한 감정에 빠졌다. 그들을 놓아줄 것인가, 아니면 내가 당한 것 이상의 고통을 맛보도록 그들을 감옥에 처넣을 것인가?

그런데 나는 그들과 똑같은 사람이 되고 싶지는 않았다. 내게 관용의 정신이 있었던 것인지 나는 그들을 놓아주기로 마음먹었다. 이미 진실은 명명백백하게 판결문에 적혀 있었고, 나는 그들을 괴롭히는 일이 진실로 나를 기쁘게 하는 일은 아니라고 생각했다.

그런데 자연의 법칙은 나에게 거짓 누명을 씌워 한 사람의 인생을 파멸시키려 했던 그들에게 자비를 베풀지 않았다. 소송이 진행되는 동안 재판보다 더 명확한 자연의 법이 작동하고 있었다. 나에게 거짓 누명을 씌웠던 자는 이미 다른 범죄로 연방 교도소에서 수감생활을 하고 있었고 또 한 사람은 가난과 불명예를 안고 무섭게 추락해 있었다.

나는 나의 명예를 지킬 수 있었고, 그들과는 달리 관용을 베풀 수 있었다. 무엇보다 이 사건을 통해 나는 사람의 운명을 인도하는 보이지 않는 손길이 존재한다는 사실을 확신하게 됐다. 진심으로 진리를 추구한다면 시간은 진실과 정의의 편이라는 사실을 확인했다. 나는 '용서하는 법'을 배울 수 있었다. '뿌린 대로 거둔다'는 황금률은 언제 어디서나 변함없이 작동하고 있었다.

기적을 만드는 사람 나폴레온 힐

그 사건 이후 나는 어떤 상황에서라도 사적인 앙갚음 같은 것은 하지 않기로 마음먹었다. 어차피 시간이 정의의 편이라면 내가 손대지 않아도 자연의 법칙에 따라 보이지 않는 손길이 작동될 것이 분명했기 때문이다.

마음속의 종소리

캔디 사업에서 손을 떼게 되면서 나는 중서부의 한 대학에서 '광고와 영업기술'을 가르치는 일에 힘을 쏟게 되었다. 원래는 영업기술을 가르치는 교육기관을 따로 만들려고 했다. 하지만 자금도 부족했고 은행에서 대출을 받을 형편도 되지 못했다. 그렇다고 해서 목표한 것을 포기하고 싶지는 않았다. 나는 성공철학의 원리대로 명확한 목표와 구체적인 계획을 세웠다. 그리고 혼자만의 힘으로 불가능하다는 것을 알고 있었기에 다른 누구와 협력을 하기로 마음먹었다. 나는 6주 이상 관련 자료를 검토하고 계획을 구체화했다.

학교를 설립하기 위해서는 두 가지가 필요했다. 하나는 2만5천 달러의 자본, 또 하나는 적절한 강의 프로그램이다. 이 중 자본은 갖추지 못했고 프로그램은 이미 지니고 있었다. 따라서 내가 할 일은 내가 가진 강의 내용이 필요하면서 자본을 제공할 수 있는 사람을 찾는 것이었다. 물론 이때 자본을 댈 사람에게도 확실하게 이익이 되는 일이어야 했다.

나는 계획을 완성하고 그 효과에 대해 확신하면서 유명 비즈니스 대학을 찾아가 담당자와 면담을 했다. 그 학교는 당시 다른 대학과 치열한 경쟁을 벌이고 있었는데 마땅한 대책을 세우지 못해 고민하는 상황이었다. 담당자는 내가 제출한 계획서를 흡족한 표정으로 읽더니 나의 계획

기적을 만드는 사람 **나폴레온 힐**

을 물었다.

"훌륭한 계획서를 제출해 주셔서 감사합니다. 좀 더 얘기를 진행해볼까요?"

"아시는 것처럼 귀 대학은 이 도시에서 명망이 있는 대학이지만 현재 비즈니스 분야는 경쟁이 극심한 상황으로 성공을 위한 대책 마련이 시급합니다. 저는 그와 관련하여 경쟁에서 우위를 차지할 비책을 가지고 있습니다.

우리가 합심 협력한다면 저는 귀교에서 필요로 하는 것을 제공할 것이며, 귀교에서도 제게 필요한 것을 제공해 주실 수 있습니다."

"갖고 계신 프로그램과 교재에 대해서 좀 말씀해 주시겠어요?"

"저는 '광고와 영업기술'에 대한 매우 실용적인 교재를 만들어 놓았습니다. 이 교재는 세일즈맨을 대상으로 사용했던 현장 경험 중심으로 만들었기 때문에 그 효과는 이미 충분히 검증되었습니다. 그러므로 귀 대학과 제가 연합하여 강좌를 개설하면 양자에게 모두 이익이 될 것입니다."

"이 강좌가 경쟁력이 있다고 보시는 근거는 무엇입니까?"

"우선, 이 도시 어디에도 이런 강좌를 개설한 곳이 없습니다. 더구나 이 강좌는 매우 실용적인 내용으로 구성돼 있으므로 귀 대학의 충분한 경쟁력이 될 것입니다. 게다가 홍보하는 과정에서 귀 대학의 다른 정기 강좌의 수요를 촉진하는 효과도 있을 것입니다."

"실용적인 커리큘럼과 유일한 강좌라는 점, 게다가 다른 강좌의 수요를 촉진시킨다는 장점이 있군요."

"그렇습니다. 교재는 이미 완성돼 있고 이미 강의를 진행해봤기 때문에 시행착오를 거칠 일도 없습니다."

"좋습니다. 우리 대학에서 꼭 필요한 강좌라고 생각합니다. 강좌 개설과 홍보 비용은 어느 정도 예상하십니까?"

"이 강좌를 개설하고 홍보하는데 약 2만5천 달러가 소요될 것입니다. 제가 강의를 통해 얻은 수익으로 귀 대학에서 지원한 금액을 갚아 나가겠습니다. 그런 다음 수익이 2만5천 달러가 넘어가면 그때부터는 이 강좌를 제 이름으로 독립적으로 운영하는 것을 조건으로 계약을 진행했으면 합니다."

대학에서는 이 제안을 흔쾌히 받아들였고 계약은 성사되었다. 나는 명확한 목표를 가진 사람은 누군가 도와주게 되어있음을 재확인했다. 강좌 개설 후 지원받은 2만5천 달러를 갚는데 1년이 채 걸리지 않았다. 얼마 후 계약대로 나는 독자적으로 그 강좌를 운영하게 됐다.

내 강좌는 처음부터 매우 잘 되었다. 나는 일반 학교와 통신학교 두 곳을 운영했는데, 영어권 국가의 많은 학생이 통신학교를 통해 강좌를 수강했다. 전쟁으로 황폐해진 상황에서도 내 강좌는 급속한 성장을 이루었다. 내 손에 곧 황금단지가 닿을 것 같았다.

그러던 중 한 기업의 회장이 내 강좌와 명성에 관심을 보였다. 그는 한 달에 3주 일하는 조건으로 10만 5천 200달러라는 거액의 연봉을 제시했다. 그것은 미국 대통령이 받는 돈보다 훨씬 많은 것이었다. 행운은 연속으로 다가왔다.

나는 6개월도 안 되어 미국에서 가장 효율적인 시스템을 자랑하는 사업체를 일궈냈다. 회사의 가치는 처음 사업 시작했을 때보다 2천만 달러나 상승해 있었다. 솔직히 이 정도라면 성공했다고 자부해도 될 만한 수준이었다.

그런데 예상치 못한 문제가 터졌다. 내가 일했던 그 기업의 회장이 부정을 저지른 것이다. 그리고 내가 나도 모르게 권력의 하수인이 되어 그들을 위해 일하고 있다는 사실을 알게 된 것이다. 부정의 조력자가 되리라고는 생각도 못 하고 이미 조력을 하고 난 뒤에 알게 된 사실이었다. 물론 법적으로는 내게 아무런 책임도 없었다. 하지만 나는 마음이 아프고 침울해졌고 투자자들에 대한 도의적인 책임을 지지 않고 유야무야 그냥 넘어가서는 안 되겠다고 생각했다. 나는 이 문제에 대해 한 명의 수석에게 얘기했다.

"회사 자금을 재정관리 위원회에 맡겨 안정을 보장하지 않으면 나는 사임할 것입니다. 회장님에게 꼭 전달해 주십시오."

수석의 말을 전해 들은 회장은 내 제안을 웃음으로 넘겼다.

"나폴레온의 계약조건은 1년간 수석 감독직으로 일한다는 조건으로 연봉 10만 달러를 받는 것이었는데 내 생각에 그가 그 조건을 어기고 10만 달러를 포기하는 어리석은 행동은 하지 않을 것이라고 보네."

하지만 회장의 예상은 빗나갔다. 나는 결국 사임했다. 더 이상 미친 젊은 회장의 잘못된 운영으로 많은 사람이 피해를 보도록 내버려 둘 수는 없었다. 나를 아는 친구들은 나의 이해할 수 없는 행동에 고개를 가로 저었다. 10만 달러를 놓쳐버린 멍청이 취급을 받은 것이다.

주변의 비웃음 소리가 들릴 때 나는 내가 이상한 것인가, 다른 사람들이 비정상인가, 알 수 없었다. 남들이 이해할 수 없었던 내 행동은 항상 내면의 직관에 따라 결정했기 때문에 나도 완벽하게 설명하기는 힘들었다.

그렇게 혼자 그 문제를 골똘히 생각하고 있을 때 마음속에서 종소리가 울렸다. 그 소리가 너무 크게 울려서 밖에서 나는 소리로 착각할 정도였다. 종소리와 함께 하나의 메시지가 뚜렷하게 다가왔다.

"너의 결정을 굳게 지켜라. 용기 내어 그런 일을 한 자신에 감사하라."

그 후로도 나는 여러 차례 종소리를 들었다. 나는 종소리가 울릴 때면 그 소리에 집중했고 종소리와 함께 들려오는 메시지에 귀 기울였다. 그 메시지는 나를 바른길로 인도해주었다. 그 후로 나 자신과의 대화에 능통해질 수 있었다.

1차 세계대전이 한창이던 때 2차 징집이 시작됐다. 내 강좌의 수강생들도 징집됐다. 그 바람에 나는 수강료 7만 5천 달러를 손해 봐야 했다. 나는 다시 무일푼이 되었다. 나는 탄광의 막노동꾼으로 일하던 때로 돌아간 기분이었다.

나는 그동안 내가 했던 일들을 되돌아봤다. 엄청난 성공을 거두기도 하고 끝없는 바닥으로 추락하기도 했다. 어떤 일은 내가 스스로 그만두기도 했다. 그 일들에서 발견한 공통점은 그것들이 내가 온 마음을 다 바쳐 할 일이 아니었다는 것이다. 나는 많은 돈을 벌어 크게 성공하고 싶은 마음과 성공철학을 완성하고 싶은 두 마음을 왔다 갔다 하고 있었다. 그런데 그런 태도야말로 카네기가 얘기했던 성공의 중요 원칙인 '명확한 목표'에서 동떨어진 행동이라는 것을 나의 양심은 이미 알고 있었다.

정확히 1918년 11월 11일 휴전협정이 맺어진 날이었다. 전쟁으로 무일푼 신세가 되었지만 참혹한 학살이 막을 내리고 평화로운 일상을 되찾은 것에 대해 기뻐하고 있었다. 사무실에서 창밖을 바라보니 수많은 인파가 종전을 축하하기 위해 모여들었다.

군중의 숲을 바라보는 동안 하나의 생각이 떠올랐다. 한 친절한 노인이 '교육만 잘 받으면 세상에 이름을 날리겠다'며 내 어깨에 손을 얹으며 말했던 그 날이 어제 일처럼 생각났다. 그 순간 하나의 생각이 스치듯 지나갔다.

'아, 나는 그동안 교육을 받아오고 있었구나! 지난 세월 나는 세상이라는 커다란 학교에서 시험을 치르고 공부를 하고 있었구나!'

내가 겪은 고난과 역경은 다른 것이 아니라 부족한 나의 영혼을 철들게 하고 나의 역량을 갖추기 위한 기본 과정이었음을 또렷하게 알 수 있었다.

창밖을 보다 버지니아의 탄광에서 일당 1달러를 받으며 일할 때가 생각났다. 일을 시작한 지 얼마 되지 않아 광부들이 불만을 품고 파업에 관해 얘기했다. 나는 그들이 하는 얘기를 꼼꼼하게 빠뜨리지 않고 들었다. 특히 누가 파업의 우두머리가 될지 궁금했다. 위원장이 누가 되느냐에 따라 파업의 방향도 결정될 것이기 때문이다. 곧 파업을 주도하는 위원장이 정해졌는데, 그는 매우 달변가였고 나는 그의 연설에 매료됐다. 그의 말은 오랫동안 내 마음속에 깊이 자리 잡아 심오한 철학이 되어 내 인생에 지대한 영향을 미쳤다.

11월의 어느 쌀쌀한 아침 큰 창고건물에서 파업을 위한 광부들 전체 모임이 진행됐다. 모두 긴장되고 상기된 표정이었다. 나도 왠지 모를 긴장에 심장이 쿵쾅거리고 있었다. 다들 자신의 의견을 옆 사람에게 얘기하느라 정신없었다. 잠시 후 군중을 뚫고 위원장이 나타났다. 그는 나무로 만든 박스 위에 올라가 억센 팔을 휘두르며 사람들에게 말했다.

"여러분, 아시다시피 우리는 지금 파업을 논의 중입니다. 이제 곧 찬반투표를 진행할 계획입니다. 그런데 투표를 하기 전에 여러분께 이로운 제안을 하나 할까 합니다. 우리가 주장하는 핵심 요구는 이것입니다. 바로 우리의 노동에 대해 정당한 대가를 지급해 달라는 것입니다. 따라서 우리는 더 많은 임금을 요구하려고 합니다. 저 역시 우리가 그런 요구를 할 만한 충분한 자격을 가지고 있다고 생각합니다. 그래서 우리의 뜻이 거부당하는 일은 없을 거라고 확신합니다. 만약 광산주가 우리의 요구를 거절한다면 우리는 파업으로써 부당한 대우에 주저하지 않고 대응할 것입니다. 그런데 파업을 한다면 광산주는 마지못해 임금을 올려주기는 하겠지만, 자발적으로 한 것이 아니므로 우리와 광산주의 관계는 안 좋아질 것입니다.

만약 임금도 인상하고 광산주와 관계도 좋아지는 방법이 있다면 여러분은 어떻게 하시겠습니까? 그러니 파업을 하기 전에 광산주에게 물어

봅시다. 그가 우리 노동에 대한 정당한 가치를 함께 나눌 용의를 가졌는지 대화를 해봅시다. 그가 만일 그러겠다고 하면, 그에게 지난달 수익이 얼마였는지 물어보고 추가 수익금에 대해 공평하게 나누어 달라고 얘기합시다. 그리고 우리 모두 다음 달에 더 열심히 일해서 더 많은 돈을 벌겠다고 약속합시다. 그가 우리와 같은 사람이라면 우리의 제안을 거부할 이유는 없습니다.

그리고 우리가 성실하게 약속을 지킨다면 그도 우리를 함부로 대하지는 못할 것입니다. 여러분 모두 미소 띤 얼굴로 출근하십시오. 탄광에서는 휘파람을 불며 일하십시오. 여러분도 이 광산 사업의 동업자라는 생각을 가슴에 새기십시오. 그러면 몸도 상하지 않고 자존심을 상하지 않고도 두 배의 일을 해낼 수 있을 것입니다.

여러분이 더 많은 일을 하면 그만큼 탄광의 수입은 늘어나고 광산주는 그에 비례하여 우리에게 수익을 배분할 것입니다. 사업상 그렇게 하는 것이 자신에게 이익이 되기 때문에 반드시 그렇게 할 것입니다.

썰물 뒤에 밀물이 오듯 광산주가 약속을 지킬 것을 저는 믿습니다. 그럴 일은 없겠지만, 만약 그가 약속을 지키지 않는다면 제가 모든 책임을 질 것이고 여러분이 요구한다면 이 탄광을 박살 내버리겠습니다. 바로 이것이 저의 계획입니다. 여러분, 저와 함께하시겠습니까?”

“네, 함께 하겠습니다.”

모두 박수로써 그의 의견에 동의했다. 위원장과 대표 일행은 곧바로 광산주를 만나기 위해 사무실로 향했다. 광산주가 쉽게 동의를 하지 않는다면 협상은 오래 걸릴 수도 있었다. 사무실로 간 지 얼마 되지 않아 협상단이 돌아왔다. 위원장은 우리를 향해 이렇게 말했다.

"여러분, 우리의 제안을 광산주가 흔쾌히 받아들였습니다. 이제 여러분 모두는 이 광산의 동업자입니다."

모두 환호성을 울리며 각자의 일터로 돌아갔다. 다음 달 모든 광부가 월급의 20%가 넘는 보너스를 받았다. 그 봉투에는 이렇게 쓰여 있었다.

'이것은 귀하가 그동안 더 열심히 일해 우리 회사가 얻은 수익금에 대한 당신의 몫입니다.'

나는 자발적으로 일하는 것의 중요성과 황금률을 실천하는 것이 얼마나 중요한지 두 눈으로 직접 확인할 수 있었다.

카네기도 자발적으로 일하는 것의 중요성을 여러 번 강조했다.

"보상을 생각하지 않고 자발적으로 일할 때 그 사람에게는 수많은 혜택이 주어집니다. 행운을 자기편으로 만드는 방법이 있다면 그것은 '보상을 생각하지 않고 자발적으로 일하는 습관'이라고 말할 수 있습니다. 성공의 여러 가지 원칙 중 한 가지만 말하라고 한다면 나는 이 원칙을 말하고 싶습니다."

그 후 나는 20여 년간 많은 시련을 겪었지만 '자발적으로 더 잘 일 한다'는 원칙으로 조금 더 성장하고, 현명해지고 행복해지는 가치 있는 시간을 보냈다.

나는 창밖에 모여든 군중을 보며 이제는 내가 그동안 꿈꿨던 일을 시작해야겠다는 생각을 했다. 내가 그동안 경험하고 연구했던 것들을 나눌 수 있는 지면을 가지고 싶은 소망, 남을 미워하지 않고 가족처럼 대하며 하나의 공동체로 황금률을 실천하는 이상을 실현하고 싶었다. 이러한 생각들을 글로 남기기 위해 타자기 앞에 앉았다. 그런데 내 손가락

들이 놀랍도록 규칙적인 리듬을 타고 심포니를 연주하듯 박자를 맞춰 움직이기 시작했다. 그렇게 힘들이지 않고 수월하게 글을 써보기는 처음이었다. 나는 무엇을 쓰겠다는 목적이나 계획도 없이 머리에 떠오르는 대로 무작정 써 내려 갔다. 글을 다 쓰고 나니 총 다섯 페이지였다. 이 원고가 내 첫 잡지인 〈힐의 골든룰 매거진〉을 탄생시킨 칼럼이었다. 이 글은 내 인생의 큰 전환점으로 작용했다. 당시 쓴 글 일부를 소개할까 한다.

「오늘은 1918년 11월 11일. 이날은 역사상 최고의 축제일로 기록될 것이다. 드디어 전쟁이 끝이 났다! 지금 거리에는 수많은 인파가 쏟아져 나와 지난 4년간 문명 세계를 위협했던 전쟁의 종결을 축하하고 있다. 머지않아 우리의 형제들이 유럽의 전선에서 돌아올 것이다. 무자비하게 폭력을 가하던 무리들은 이제 역사의 뒤안길로 사라졌다. 더는 악마의 세력들이 발붙일 곳은 없다.

우리 모두 이 전쟁의 교훈을 가슴에 새기자. 정의와 자비에 기반을 두지 않은 것들은 시간의 흐름과 함께 모두 패배하고 만다는 사실을.

이 전쟁으로부터 새로운 이상주의가 탄생할 것이다. 그것은 황금률 철학에 기초한 것으로, 타인을 이용하고 궁지로 몰아넣는 것이 아니라 그들의 고난을 덜어주고 옳은 길로 인도하며 행복으로 인도하는 것이다.

에머슨은 '보상의 법칙'이라는 글에서 이 이상을 구체화했다. '심은 대로 거두리라'는 말씀은 이 사상의 핵심을 담고 있다.

이제 황금률을 실천해야 할 때가 왔다. 사회생활이나 사업 분야에서 이 철학을 등한시해서는 실패를 거듭할 것이다.

모두가 종전 소식에 들떠 기쁨에 취해있는 동안, 무력으로 세상을 지배하고자 했던 세력들이 남긴 교훈을 다음 세대를 위해 잘 보존하고 전달하려는 시도가 시의적절하다고 느끼지 않는가.

(중략)

서두에서 말했듯 나는 11월 11일 군중의 함성을 들으며 이 글을 쓰고 있다. 오늘 나는 우리를 세계대전으로 뛰어들게 한 우리 마음속 이상주의가 계속 우리 영혼에 머무르도록 도와줄 메시지를 전하고자 한다. 그 메시지로 가장 적합한 것이 지금까지 내가 얘기했던 그 철학이다. 오늘날 독일이 이렇게 참혹한 결과를 맞은 것은 그 철학을 무시한 결과다. 나는 내 마음속의 모든 것들을 꺼내어 여러분께 알리고 싶다. 그래서 〈힐의 골든룰 매거진〉이라는 잡지를 창간하고자 한다.

전국적 규모의 잡지를 발간하기 위해서 많은 돈이 필요하겠지만 나는 충분한 돈을 가지고 있지는 않다. 하지만 한 달 안으로 내가 지금 강조해온 철학을 바탕으로 그 비용을 지원해줄 사람을 찾을 것이다. 또한, 당신이 누구며 무슨 일을 하든 그 철학으로 당신을 도울 것이다.

사람은 누구나 자기만의 가치를 만들고 있다. 비록 지금 처한 환경이 어둡고 힘들지라도 자신이 열망하는 일에 수고를 게을리하지 말아야 한다. 이를 위해 가장 좋은 방법이 '자발적으로 더 잘 일하는 것'이다.

기적을 만드는 사람 **나폴레온 힐**

보수가 얼마든지 자기가 맡은 일에 자신의 최대 역량을 발휘하라. 아무리 배움이 부족하고 돈이 없더라도 당신 앞에 놓인 장애물을 기어코 넘을 수 있으리라.」

나는 글쓰기를 마치고 카네기와 처음 마주하던 그 날을 떠올렸다. 눈앞에 카네기가 나타나 다시 열정적으로 말하는 것 같았다.

"기도할 때 주의해야 할 것이 있습니다. 우리는 마음을 통해 조물주와 대화하게 됩니다. 그런데 그 마음 밭이 신념이 아니라 의심과 불안으로 채워져 있다면 그 기도는 이뤄지기 어렵습니다. 잠재의식에 새겨진 대로 기도가 이뤄진다는 사실을 잊지 마십시오."

나는 황금률을 전파하는 잡지를 창간한다는 단 하나의 생각으로 무의식을 가득 채웠다. 칼럼을 쓴 것 말고는 가진 것이 없었지만, 신념을 밑천 삼아 계획을 추진해나갔다. 우선 내 계획에 동의하고 자본을 댈 사람을 찾는 게 중요했다.

나는 전쟁의 후유증으로 완전히 빈털터리가 되고 말았다. 남은 것이라고는 낡은 양복 세 벌이 전부였다. 새로 출판사업을 준비하던 나는 사업상 누구를 만날 때 낡은 양복을 입고 나갈까 하다가 이내 마음을 접었다.

'아무래도 사람을 만날 때 첫인상이 중요한데 낡은 양복으로는 비즈니스에 어려움이 따르겠군. 새로 양복을 맞추는 것이 좋겠어. 하지만 가진 돈이 없는데 어떻게 하지?'

당장 현금이 없었기에 일단 외상으로 구입하기로 결심하고 고급 신사복으로 알려진 에비뉴 양복점으로 향했다. 다행히 양복점 주인은 낡은 옷을 입고 있는 나를 외모만으로 판단하지는 않았다. 나는 주머니에 한 푼도 없었지만, 주인에게 최고급 양복을 주문했다.

"이 가게에서 가장 좋은 양복으로 세 벌을 맞추어 주십시오."

"네, 당연히 해드려야죠. 전부 합쳐 370달러입니다. 우선 커피 한 잔 마시면서 말씀을 나누죠."

주인은 커피를 건네주며 물었다.

"인상이 정말 좋으시군요. 세무서에서 근무하시죠? 그렇죠?"

그는 내가 세무서에 근무하는 줄 착각하고 있었다. 나는 사실대로 대답했다.

"아니요. 내가 그렇게 운이 좋으면 당장 양복값을 모두 낼 수 있게요."

"그러면 외상으로 하시게요?"

주인은 놀라 눈이 휘둥그레졌다.

"출판사업을 준비 중인데 곧 잡지를 출간할 예정입니다."

"잡지라고요? 어떤 종류인가요? 매달 출간하는 거겠죠?"

"네, 매달 출간할 예정입니다. 자신의 분야에서 성공하는 방법과 마인드를 잘 관리하는 기술에 대해 다룰 예정입니다. 이미 자기 분야에서 큰 성공을 거둔 사람들의 이야기가 실려서 그 책을 읽다 보면 자연스럽게 동기가 부여되는 그런 책입니다. 전쟁이 끝난 지금 우리에게 필요한 것은 새로운 희망과 비전, 성공에 대한 철학입니다."

"그런 잡지라면 저도 읽어보면 도움이 많이 될 것 같네요."

"네, 사장님께는 제가 1년간 무료 구독권을 드리겠습니다."

"감사합니다. 출판사업은 꽤 큰 자본이 필요할 텐데, 젊은 분이 포부가 크시군요. 바쁜 일이 정리되면 결제를 해주십시오. 색깔은 어떤 게 좋을까요? 한 번 골라주시죠."

"짙은 회색하고 남색, 하늘색이 좋을 것 같네요."

양복점 주인은 다행히 외상으로 양복을 만들어주기로 했다. 나는 주소를 적어주고 옷이 완성되면 배달을 해달라고 했다.

나는 양복점을 나와 10분 거리에 있는 다른 신사용품점을 들렀다. 거기서도 에비뉴 양복점에서 맞춘 옷에 버금가는 수준의 양복을 세 벌 구입하고, 고급 셔츠와 넥타이, 양말 속옷까지 전부 주문했다. 그곳에서 청구한 금액은 300달러가 조금 넘었다.

나는 양복점에서 했던 대로 주인과 차를 마시며 출판사업이 시작되면 곧바로 결제해주기로 하고 전부 외상으로 구매했다. 내가 아무 걱정 없이 얘기하자 가게 주인도 토를 달지 않고 그렇게 하라고 했다.

나는 웃으며 계산서에 서명하고 다음 날 아침에 물건을 배달해 달라고 했다. 아직 옷을 입지도 않았는데 기분이 상쾌해지고 새로운 자신감으로 충만해짐을 느낄 수 있었다. 전쟁이 끝나고 하루가 안 지났는데 벌써 670달러의 빚을 졌지만 조금도 걱정이 되지 않았다.

다음날 오전 신사용품점에서 양복이 도착했다. 곧바로 계획한 것을 실행에 옮겼다. 나는 속옷과 양말, 셔츠부터 갈아입었다. 입는 동안 새 옷의 감촉이 피부에 전달되어 기분이 산뜻했다. 더불어 정신까지 맑아지는 것 같았다. 양복을 다 입고 상의 주머니에 고급 스카프를 보기 좋게 꽂은 다음 책상 서랍에서 지인에게 빌린 60달러를 꺼내 지갑에 넣고 다음 목적지를 향해 문을 나섰다.

나는 마치 재벌이라도 된 것처럼 여유를 부리며 시내를 걸었다. 사람들은 부러운 듯 나에게 시선을 보냈다. 그렇게 기분 좋게 시내를 걸으면서 드는 생각이 있었다.

'사람이 자신감을 충만하게 하려면 의도적으로 복장이나 환경을 다르게 구성해 보는 것이 도움된다. 내가 낡은 옷을 입고 거리를 걸었다면 이렇게 자신감 넘치는 걸음이 나오지는 못하겠지.'

에비뉴 양복점에서도 옷이 도착했다. 나는 매일 새 옷으로 갈아입고 정오 무렵 같은 거리를 거닐었다. 어떤 재력이 있는 출판업자가 점심 식사를 위해 그 시간에 그 거리를 지나기 때문이다. 나는 그와 우연을 가장한 만남을 기대하고 있었다. 물론 그의 사무실로 찾아가 나의 계획을 얘기하고 설득하는 방법도 있었지만, 그것은 좋은 결과를 기대할 수 없는 방법이었다. 나는 직진보다는 우회로를 택하기로 했다.

예전에 내가 아는 보험업자가 큰 기업의 대표를 만나기 위해 출근 시간에 집 근처에서 기다리다가 의도적으로 접촉사고를 내고, 그에게 최고의 서비스를 제공한 덕에 그 사람 주변에 있는 인물들을 소개받아 큰 성공을 거둔 사실에서 힌트를 얻었다. 나는 좀 더 드라마틱한 상황을 연출해보기로 했다.

나는 그와 마주칠 때마다 간단한 눈인사를 하거나 가벼운 인사말을 나누기도 했다. 사흘이 지나자 우리는 심리적 거리가 많이 가까워졌음을 느낄 수 있었다. 우연한 만남이 계속되고 일주일쯤 되자 나는 의도적으로 그를 그냥 지나쳤다. 그러자 그는 내 어깨에 손을 얹으며 말을 걸어왔다.

"인상이 훤하십니다. 정말 멋쟁이시군요. 옷은 어디서 맞추셨어요?"

"아, 네. 에비뉴 양복점에서 특별히 주문한 옷입니다."

"거기는 정말 옷을 잘 맞추는 것 같네요. 혹시 무슨 일을 하는 분인지 알 수 있을까요?"

"제가 하는 일이요? 새로운 잡지를 출간하려고 준비중인데 여기 한 부 가지고 있습니다."

"새로운 잡지라고요? 이름이 뭡니까?"

"힐의 골든룰 매거진이라고 합니다."

"마침 잘됐네요. 나도 출판물을 인쇄 배급하는 사업을 하고 있답니다. 제가 도움이 될 것 같네요."

그의 말은 내가 속으로 정말 고대하던 말이었다. 나는 새로운 양복을 만들 때 이 상황을 염두에 두고 있었다. 하지만 내가 실의에 빠진 어두운 얼굴과 낡은 옷차림으로 거리를 나섰다면 그 사람과 그런 대화가 이뤄지지는 못했을 것이다.

출판업자는 나를 점심 식사에 초대했다. 식사하면서 우리는 대화를 이어갔다. 출판업자가 내게 물었다.

"혹시 저축하는 습관을 갖고 있으신가요?"

"네, 저축하는 습관은 성공의 중요 요소 중 하나라고 생각해서 꾸준히 실천하고 있습니다. 그런데 사실 저축해 둔 돈을 전쟁 기간에 모두 잃어버렸습니다. 그래서 지금은 수중에 돈이 없습니다."

"저축하는 습관을 지닌 것만으로도 충분히 신뢰할 수 있는 분이라 생각합니다. 내가 시카고의 인쇄공장에서 일하다 사업체를 독립하려고 마음먹은 적이 있었습니다. 나를 아는 인쇄 공급업자에게 제 계획을 말했는데 그는 내게 같은 질문을 했습니다. 나는 당시 매주 16달러씩 5년간 저축을 하고 있었습니다. 그 얘기를 했더니 훌륭하다면서 제게 사업에 필요한 것들을 외상으로 공급해주었습니다."

그리고 식사를 마치고 웨이터가 커피를 가져다주었다. 우리는 커피를 마시며 얘기를 계속했다.

"골든룰 매거진에는 어떤 내용이 들어가게 되나요?"

"성공한 사람들의 이야기를 발굴해서 실을 겁니다. 성공의 핵심 원리와 철학을 담아서 독자들이 마음의 자극을 받아 내면의 에너지를 충전하고 세상에 당당하게 나가 목표를 향해 도전할 수 있도록 용기를 줄 겁니다."

"참으로 좋은 생각이십니다. 사실 어려움과 질곡에서 헤매는 많은 사람에게 그러한 사상과 철학이 분명히 힘이 될 것입니다. 전국적인 잡지를 배포하려면 준비 자금이 꽤 필요할 텐데 어느 정도라고 예상하십니까?"

"거기에 필요한 자금은 3만 달러 정도 예상하고 있습니다."

"투자할 분은 구하셨나요?"

"아니요. 이제 알아보려고 합니다. 잡지에 담길 철학의 가치를 알아보는 분을 꼭 만날 수 있으리라 확신합니다."

"투자자를 찾지 않으셔도 됩니다. 필요한 자금은 제가 대겠습니다."

나는 〈힐의 골든룰 매거진〉을 발행하는 데 필요한 금액은 3만 달러가 넘을 것으로 예상했다. 그 정도 금액을 융통하자면 아무리 신용이 좋아도 은행대출은 얻기 힘들었다. 나는 옷값 670달러를 투자하여 칼럼을 쓴 지 10일 만에 3만 달러 이상을 확보할 수 있었다.

그런데 여기서 한가지 기억해야 할 것이 있다. 나는 종전 날 칼럼을 쓰면서 골든룰 매거진의 창간을 전혀 의심하지 않았다. 내게 가진 돈은 하나도 없었지만, 이상하게도 마음은 확신과 자신감으로 충만했다. 그래서 어려움 없이 외상으로 양복을 맞출 수 있었고 출판 자금도 지원받을 수 있었다. 마음속에 털끝만큼이라도 불신이 있었다면 일은 성사되지 못했을 것이다.

돈보다 더 가치 있는 것

나는 탄광 노동을 시작한 이후 20여 년간 내내 신문 편집자가 되고 싶었다. 어린 시절 마을 인쇄소에서 찍어내는 조그만 주간신문의 매력에 흠뻑 빠졌었다. 나는 거기서 일을 도와 인쇄기를 돌리며 잉크 냄새에 즐거워했다. 그리고 그 냄새를 그리워하며 살았다.

나는 돈을 벌어 성공하기를 바라면서도 무의식에서는 글 쓰는 일을 갈망하고 있었다는 것을 알았다. 아마도 보이지 않는 손길이 나를 이곳으로 인도하기 위해 그동안 숱한 시련을 준 것일지도 모르겠다는 생각을 했다.

그런데 한 가지 흥미로운 사실이 있다. 놀랍게도 이 일을 시작하면서 나는 돈이나 성공 같은 개념은 생각하지 않았다. 난생처음 돈보다 더 귀한 가치가 있고 그것을 추구해보자는 생각을 했다. 또 한 가지는 글 쓰는 일이 힘들지 않고 나에게 꼭 맞는 일처럼 느껴졌다는 것이다. 잡지를 창간하면서 마음속에 드는 생각은 한가지였다.

'비록 한 푼의 이득을 보지 못한다 하더라도 내 모든 노력을 다해 세상을 위해 봉사하겠다!'

나는 인생을 걸고 추진할 만한 일을 찾았다고 생각했다. 그리고 일을 하는 동안 행복감을 느꼈다. 그것은 예전에는 느껴보지 못한 감정이었다.

기적을 만드는 사람 **나폴레온 힐**

그런데 내가 골든룰 매거진 창간에 온 힘을 쏟고 있을 때 나의 마음을 흔들어 놓은 사건이 있었다. 당시 나는 광고 전문가인 아이비 리와 교류를 하고 있었다. 그런데 아이비 리는 자기 주 고객인 록펠러 가문의 대필 작업을 나에게 맡기려고 했다. 계약조건은 5년 동안 매년 2만 5천 달러를 지급하고 골든룰 매거진에 대해서는 겸업을 해도 좋다는 것이었다. 나는 마음의 갈등을 느꼈다. 하지만 이내 마음을 정리하고 없었던 일로 하자고 했다. 나는 오랜 소망이었던 잡지사를 운영하는 데만 온전히 집중하고 싶었다. 아이비 리는 거듭 만류했다.

"나폴레온, 반드시 후회할 겁니다. 다시 생각해보세요."

"아니요. 백만 달러를 준다고 해도 내 결정은 변하지 않을 겁니다."

나는 나의 노력과 의지로 내 명성과 경력을 만들고 싶었다. 나는 성공이든 실패든 내 자유의지 아래 붙들어두고 싶었다. 그렇게 결정하자 마음이 편안해졌다.

잡지 사업은 순조롭게 풀려나갔다. 이 잡지가 전하는 철학과 메시지는 사람들의 뜨거운 호응을 얻었다.

발간 첫해 마지막 호 원고 준비를 하던 12월의 초 시카고의 어느 백화점 옷 가게에 갔을 때의 일이다. 가게 직원은 상냥하고 붙임성도 있으며 친절한 젊은이였다. 그는 내가 산 것들을 가방에 담아주면서 무슨 비밀 얘기라도 하듯이 목소리를 낮추며 속삭이듯 말했다.

"우리 가게 매니저가 '황금률 철학 모임'이라는 것을 만들고 전 직원에게 〈힐의 골든룰 매거진〉을 구독해주기로 했답니다. 그날 우리 직원들 모두 아주 기뻤답니다."

"아, 그래요? '황금률 철학 모임'이라니 정말 좋은 모임이군요. 모임에서는 무엇을 하나요?"

"목표와 계획을 공유하고 나폴레온 힐의 골든룰 매거진의 내용을 함께 이야기 나눕니다. 그 모임을 하고 나면 의욕이 솟아나고 창의적인 아이디어가 생긴답니다. 선생님도 그 잡지를 한번 구독해보세요."

"그런데 나폴레온 힐이 누굽니까?"

"아니, 나폴레온 힐을 처음 들어요?"

"들어본 것 같기는 한데 왜 매니저가 직원들에게 그가 만든 잡지를 1년이나 무료로 구독해주나요?"

"사실은 이 가게에서 제일 성질이 못된 직원이 있었는데 그 사람이 매거진을 보고 사람이 완전히 변했거든요. 고객들에게도 친절하게 대하고 매사에 자발적으로 일하고 최우수 직원이 됐어요. 그걸 보고 매니저가 전 직원에게 읽히기로 결정한 겁니다."

그 얘기를 들으니 가슴이 뭉클해지면서 행복감이 밀려왔다. 내가 하는 일이 다른 사람에게 행복을 가져다준다는 사실에, 더 좋은 잡지를 만들어야겠다고 다짐했다.

잡지 덕분에 나 역시 널리 알려져 1920년에는 미국 대도시를 돌며 순회강연을 했다. 순회강연은 그 자체로 배우는 것이 많았다. 미국 전역에 있는 다양하고 진보적 사상을 가진 사람들을 만날 수 있었고, 각양 각층 사람들의 이해와 욕구를 알 수 있었다.

6장

나폴레온 힐 매거진

장애를 이겨낸 꼬마 사업가

새어머니의 가르침과 지도로 나는 새로운 인생을 살게 됐다. 부모가 아이를 어떤 철학으로 양육하느냐에 따라 아이의 운명은 크게 달라진다. 어머니의 노력으로 아버지가 대장간을 벗어나 치과의사가 되고, 내가 작가의 꿈을 갖게 된 것이 놀랍고 자랑스러웠다. 그래서 내가 아이를 낳으면 꼭 어머니처럼 해야겠다는 생각을 했다.

성공철학을 연구하던 초기에 나에게 엄청난 시련이 닥쳤다. 그런데 내가 그것을 극복할 수 있었던 것은 새어머니의 영향 때문이었다. 또한, 성공철학을 통해 배운 것들이 큰 힘이 됐다. 시련이 올 때마다 성공철학을 실전에 적용하고 성과를 거두었으니 화가 도리어 복이 된 셈이었다.

내가 29살 되던, 1912년이었을 것이다. 나는 갓 태어난 둘째 아들 블레어의 얼굴을 보러 가는 길이었다. 병원에 들어서다 담당 의사와 마주쳤다. 그런데 그는 나를 보고도 아는 체하지 않고 굳은 얼굴로 그냥 지나치려 했다. 뭔가 일이 잘못된 것 같은 예감에 의사를 붙들고 물었다.

"선생님, 안녕하십니까? 나폴레온 힐입니다. 둘째가 태어났다는 소식을 듣고 달려왔어요. 그런데 무슨 일이 있나요? 혹시 뭐가 잘못됐습니까? 아이는요? 제 아내는요?"

"당신 아내는 무사합니다. 아이도 건강하고요. 그런데 말입니다. 힐 씨. 몇만 명 중 한 명에게 일어날까 말까 한 일이 당신에게 일어났네요. 유감스럽지만 당신 아들은 평생 듣지 못하고 말하지도 못할 것입니다."

순간 나는 경악했다. 세상에, 아이가 귀가 없이 태어났다는 것이었다. 나는 의사의 말을 믿을 수가 없었다. 아니, 믿지 않기로 했다. 아이가 듣지도 말하지도 못할 거라는 의사의 진단에 동의하지 않을 권리가 나에게 있다고 생각했다.

"아니요. 우리 아이는 반드시 듣게 됩니다. 귀가 없이 태어났더라도 그것 때문에 평생을 청각장애인으로 지내지는 않을 것입니다."

나는 신념에 찬 목소리로 말했다.

"처음에는 다들 그렇게 생각합니다. 하지만 곧 단념하게 될 것이오. 헛된 희망은 품지 않는 게 좋아요."

그러나 나는 그날부터 줄곧 아들 블레어가 정상적으로 말하고 들을 수 있다고 믿고 그렇게 행동했다. 나의 마음속에는 불타는 소망이 타올랐기 때문이다. 내 아들이 정상인처럼 말하고 들을 수 있을 거라는 믿음이 신념처럼 마음속 깊이 자리 잡았다. 귀가 없이 태어난 아이를 보고도 어떻게 그런 생각을 했냐고 내게 물으면 명확한 답변을 못 하겠지만, 방법만 찾으면 정상적인 사람이 될 수 있을 거라 믿고 있었다. 나는 아이가 결코 농아가 되지 않을 거라는 소망에 붙들려 있었다. 나의 그 소망은 시간이 지나도 전혀 흔들리지 않았다. '이 아이의 삶의 방향이 틀어지지 않게 하려면 나는 무슨 일을 해야 할까?' 궁리했다.

나는 아이의 마음속에 듣고 싶은 열망을 심어주는 것이 중요하다고 생각했다. 그래서 청각적인 자극을 주는 시도부터 했다. 아이 옆에서 일

부러 큰 소리를 내보거나 시끄러운 곳에 데려가기도 했다. 아이가 조금 자라 이런저런 자극에 대한 반응을 보이기 시작하면서 나는 아이에게 약간의 청력이 있다는 사실을 알았다. 작은 소리에는 반응이 없었지만 큰 소리에는 작은 반응이 있었다. 나는 아이의 표정 변화를 보고 그것을 알아챌 수 있었다. 아이와 나에게 희망의 빛이 비치고 있었다. '역시 그랬어. 조금이라도 들을 수 있다면 된 거다. 나머지는 얼마든지 노력으로 키워낼 수 있어!' 나는 더 적극적으로 방법을 찾기 시작했다.

어느 날 나는 아이에게 줄 선물로 축음기를 사 왔다. 가족들은 깜짝 놀랐다. 아내도 어리둥절해 했다.

"여보, 듣지도 못하는 아이에게 축음기를 선물하다니 도대체 무슨 일이에요?"

"글쎄, 듣는지 그렇지 못하는지는 이제 지켜보면 알게 되겠지."

나는 음악을 켜고 볼륨을 올렸다. 소리는 조금 시끄럽다고 느낄 정도였는데 블레어의 상태에 맞추려면 크게 하는 수밖에 없었다.

그런데 아이는 축음기에 머리를 대더니 마치 소리를 듣는 것처럼 좋아하는 것이었다. 아이의 표정이 밝아진 것으로 알 수 있었다.

"얘 얼굴 좀 보시오. 블레어의 얼굴이 환해졌잖소. 소리를 느끼고 있는 것이 분명해요."

내가 이렇게 말했지만 아무도 아이가 음악을 듣고 있을 것으로 생각하지 않았다. 하지만 아이는 축음기 옆에서 2시간가량이나 앉아 있었다. 싫증도 내지 않았고 마치 음악을 감상하는 것처럼 좋아하는 표정이었다.

어느 날은 나에게 축음기를 틀어달라고 신호를 보내기도 했다. 음악을

기적을 만드는 사람 **나폴레온 힐**

틀어줄 때마다 아이가 그것을 즐기고 좋아하는 것을 보고 나는 틈나는 대로 블레어에게 음악을 틀어주었다.

몇 년 후 아이가 축음기 음악에 집중하고 있는 모습을 보다가 나는 중요한 발견을 했다. 아이가 음악을 들을 때면 축음기에 머리를 가까이 대고 있었는데 그 부위가 항상 같다는 것이었다.

'혹시 저쪽이 귀의 역할을 대신하는 곳은 아닐까?'

나는 아이의 귀 쪽 두개골 아래 뾰족한 뼈에 입술을 대고 큰 소리로 말을 해 보았다. 그랬더니 아이가 나를 돌아보았다.

'그래, 여기가 바로 청각 기관이 연결된 곳인가보다. 블레어는 틀림없이 듣고 있는 거야. 더 잘 들을 수 있어.'

이 발견으로 블레어가 자유롭게 듣고 말할 수 있을 거라는 내 믿음이 더 커졌다. 이제 내가 다음으로 할 일은 블레어의 귀 역할을 하는 부위에 적절한 자극을 주어 청력을 키워주는 것이었다. 그리고 블레어가 스스로 듣기를 원하는 간절한 마음을 키울 수 있도록 돕는 일이었다.

나는 매일 밤 아이가 잠들기 전, 그의 머리에 입술을 대고 동화를 들려주기 시작했다. 기존의 동화가 아니라 내가 창작한 내용으로 자기가 가진 약점을 커다란 재능으로 바꾼 주인공이 그 재능을 바탕으로 엄청난 활약을 하는 이야기가 많았다.

"윌리는 태어날 때부터 앞을 볼 수가 없는 아이였어. 하지만 아이는 피아니스트가 되는 게 꿈이었어. 피아노 소리를 듣고 있으면 온갖 근심 걱정이 모두 사라졌거든. 그런데 피아노를 배우고 싶어도 배울 수가 없었어. 피아노 선생님들이 모두 거절을 했어. 건반도 악보도 볼 수 없는 시각 장애인을 가르쳐 본 적이 한 번도 없었기 때문이야. 아이는 한 선생님께 간절히 부탁했어. '제게 한 곡만 가르쳐 주실 수 없을까요? 짧은 곡을 여러 번 들려주세요. 그러면 제가 집중해서 듣고 그 멜로디를 외울게요. 그다음, 한 음씩 건반의 위치를 알려주세요. 그것도 금세 외울 수 있어요. 한 마디에서 시작해 조금씩 늘려가며 연습하면 저도 곡 전체를 연주할 수 있을 것 같아요. 다른 아이들보다 더 열심히 연습할게요, 네? 도와주실 거죠?' 윌리의 간절함에 마음이 움직인 선생님은 짧은 피아노 소품 한 곡을 알려주기로 했지. 그렇게 연습을 해 나가자 주위 사람들도 아이를 도와주기 시작했어. 아이는 매일 2~3시간씩 꾸준하게 연주 연습을 했어. 마침내 음악 학교와 대학에 진학하게 됐고 세계적인 피아니스트가 됐어. 아이는 앞을 보지는 못했지만, 소리 감각이나 피부로 느끼는 힘은 일반인보다 더 뛰어났거든. 그래서 연주할 때 곡의 특징과 자신만의 감성을 더 잘 표현할 수 있었던 거야."

나는 동화 들려주는 시간을 통해 아들이 마음속에 꿋꿋한 자립심, 강한 의지, 소망을 이루고자 하는 힘, 긍정적 상상력을 키워나가는 훈련을 하도록 했다. 성공철학을 연구하면서, 약점은 반드시 반대급부적인 가치를 지니고 있다는 것을 분명하게 알고 있었기 때문이다.

평상시에도 블레어에게 신념의 중요성과 자신의 약점을 강점으로 전환하는 방법에 대해 자주 얘기했다.

"학교 선생님이 네가 귀가 없다는 것을 알면 너한테 좀 더 친절하게 대한 거야. 또 네가 만약 아르바이트로 신문팔이를 한다면 귀가 없는데도 열심히 일하는 네 모습을 보고 사람들이 더 많이 사줄 거야. 약점은 얼마든지 강점이 될 수 있어."

블레어는 아버지인 내 말을 그대로 받아들였다. 나도 내 아들이 학교 생활에 잘 적응하는 모습을 상상하며 긍정적인 앞날을 내 머릿속에 그렸다. 아이가 성장해 가정을 벗어나 더 큰 세상에 나가서도 당당하게 정상적인 삶을 살아갈 수 있도록 하기 위해 내가 아는 모든 성공철학을 동원했다.

나의 특별한 노력이 결실을 맺기 시작한 것은 블레어가 7살 되던 무렵부터였다. 아버지의 얘기에 용기를 얻은 아이는 신문팔이 아르바이트를 하겠다고 졸랐다. 하지만 걱정이 많은 아내는 허락하지 않았다.

어느 날, 근무 중인 나에게 집에서 급한 연락이 왔다. 블레어가 행방불명이라는 것이었다. 나는 급히 집으로 돌아와 백방으로 아이를 찾아 나섰다. 하지만 어디서도 아이의 모습은 보이지 않았다. 혹시 무슨 사고라도 난 건 아닐까? 아니면 유괴를 당했을까? 불안한 마음에 온 시내를 헤매다 아이를 찾지 못한 채 저녁 늦게 집에 돌아온 내게 아내는 블레어가 그사이 집에 돌아와 자고 있다고 했다. 나는 안도의 한숨을 내쉬었다. 그런데 아내는 나에게 불같이 화를 냈다.

"이게 모두 당신 때문이에요. 당신이 늘 블레어에게 신문팔이 얘기를 했잖아요? 그래서 걔가 돈을 벌겠다고 몰래 나간 거예요. 그 아이는 정말 필사적으로 돈을 벌기 위해 노력했다고요."

아내는 눈물까지 보였다.

자초지종은 이랬다. 블레어는 엄마가 신문팔이를 허락하지 않자, 집에 가정부와 자신만 남게 되었을 때 부엌 창문으로 몰래 빠져나갔다. 이 당돌한 아이는 근처 문구점에서 7센트를 빌려 신문 살 밑천을 마련했다.

그리고 신문을 구매하여 팔고 그 돈으로 다시 신문을 사서 또 파는 일을 날이 어두워질 무렵까지 반복했다. 블레어는 52센트를 벌었다. 문구점에서 빌린 7센트를 갚고도 45센트가 남았다. 블레어는 45센트를 가지고 집에 돌아왔다. 아이는 그 돈을 손에 꼭 쥔 채 잠들어 있었다.

아내는 그 모습에 눈물을 흘렸지만 나는 곤하게 잠들어 있는 아들을 보고 기뻤다. 나는 아내의 어깨를 토닥이며 말했다.

"너무 슬퍼하지 마시오. 나는 자신의 의지로 신문을 팔고 온 블레어에게서 용감하고 자립심 강한 미래 사업가의 모습을 발견했소. 오늘의 경험이 블레어를 평생 용감한 사람으로 만들어 줄 것이 틀림없어요."

아이가 좀 더 커서 학령기가 되었을 때 나는 블레어를 일반 학교에 보냈다. 선생님이 큰 소리로 말하지 않으면 강의 내용을 전혀 듣지 못하는 청력이었는데도 나는 아이가 농아학교에 들어가는 것을 단호히 반대했다. 이 일로 학교 당국과 마찰이 있었지만 나는 뜻을 굽히지 않았다.

블레어가 제 형과 함께 일반 학교에 다닐 때 일이다. 하루는 블레어가 시무룩한 표정으로 집에 돌아왔다. 그것을 본 엄마가 큰아이에게 무슨 일인지 물었다.

"아이들이 블레어를 놀려요. 왜 남자가 긴 머리를 하고 다니냐고요."

블레어는 귀가 없었기 때문에 그것을 감추기 위해 긴 머리를 하고 다녔다. 퇴근 후 저녁 식사를 마친 나에게 아내는 심각한 표정으로 말했다.

"잘 들을 수도 없는 아이를 일반 학교에 계속 보내는 것이 맞는 건지 모르겠네요. 게다가 머리를 길게 기르고 다니니 아이들이 많이 놀리나 봐요. 블레어가 의기소침해질까 걱정이에요. 어쩌면 좋죠?"

기적을 만드는 사람 나폴레온 힐

이 말을 들은 나는 생각에 잠겼다. 그리고 블레어를 불러 내 무릎에 앉히고 말했다.

"블레어, 잘 들으렴. 아이들이 머리카락이 길다고 놀리면 짧게 자르면 돼. 너의 본래 모습을 솔직하게 보여주면 틀림없이 너를 친절하게 대해 줄 거야."

강한 의지를 가진 블레어도 이때만큼은 결단을 내리기가 쉽지 않은 모양이었다. 아이는 내 가슴을 치며 한동안 흐느꼈다. 그리고 얼마 후 진정이 된 블레어는 머리카락을 자르겠다고 했다. 그러고는 머리를 자르고 다음 날 당당하게 학교에 갔다. 물론 아이들은 더는 블레어를 놀리지 않았다. 나는 아들의 용기에 다시 한 번 경탄했다. 그리고 이 굳센 아이가 정상인들과 다름없이 자연스레 듣고 말하는 날이 찾아올 것이라 다시 한 번 확신하게 되었다.

그 당시 블레어는 전기 보청기를 사용해보았지만 별 효과를 보지 못했다. 그런데 대학을 다니면서 일생일대의 전환을 맞았다.

어느 회사에서 블레어에게 보청기 신제품 샘플을 보냈다. 이미 별 효과 없는 보청기를 사용해본 경험이 있어서 블레어는 그 제품에 큰 기대는 없었다. 그러다 무심코 보청기를 귀 부위에 대고 스위치를 넣는 순간 놀라운 경험을 했다. 인생에서 처음으로 다른 사람들과 똑같이 들을 수 있었던 것이다. 기쁨에 감격한 블레어는 아내에게 바로 전화를 걸었다.

"어머니, 어머니 목소리를 똑똑히 알아들을 수 있어요!"

그때까지 잘 들을 수 없었던 교수의 강의도 분명하게 들을 수 있었고 친구들과도 보통 목소리로 대화할 수 있게 됐다. 블레어에게 신세계가 펼쳐졌다. 이것은 나의 오랜 소망이 실현되는 순간이기도 했다. 그런데 블레어는 거기서 만족하지 않았다.

블레어는 자신의 보청기 사용 체험담을 자세하게 적어 보청기 회사로 보냈다. 얼마 후 회사에서 그를 초대하였고, 블레어는 뉴욕으로 가게 됐다. 공장을 둘러보면서 기술 담당자에게 자신이 사용한 보청기에 대한 경험과 장점, 개발 아이디어 등을 전해주었다.

그러다 블레어는 자신과 같은 장애를 가진 사람들에게 도움을 줄 방법을 찾고 싶어졌다. 더 많은 사람에게 더 나은 혜택을 주기 위해서는 더 많은 난청자를 만나볼 필요가 있다고 판단한 블레어는 2년 동안 프로젝트를 진행해 그 회사에 보고서를 제출했다. 블레어가 제출한 아이디어는 곧바로 채택되었고 그에게 적당한 직책도 부여됐다. 이후 블레어는 보청기 회사에서 많은 사람에게 희망을 주는 일을 했고, 사업가로도 성장하였다.

나는 블레어를 통해 기적이 무엇인지 더 잘 알게 되었다. 기적은 우리가 원하지 않는 삶을 거부하고 원하는 목표를 향해 분투할 때 자연이 우리에게 주는 선물이 아닐까?

상상 속 회의

카네기는 성공철학의 핵심이 '마음의 힘을 깨닫고 계발하는 것'이라고 했다. 나의 관심도 자연스럽게 내면(잠재의식, 직관, 영감, 신념, 긍정적 태도 등)을 어떻게 개발할 것인가에 향해 있었다.

어느 날 원고를 쓰려고 책상 앞에 앉은 나는 문득 나의 습관을 고치고 새로운 것으로 대체할 필요를 느꼈다. 오래전부터 생각해온 것이었지만 바로 그때가 실행에 옮길 시기라고 느꼈다. 방법이 문제였다. 내가 배우고 싶고 감동적인 생애를 살았던 인물들을 골라 그들의 바람직한 성품을 내 안에 심어야겠다는 생각을 했다. 당장 명단을 뽑아보니 모두 아홉 사람이었다. 그들은 시인이자 사상가인 에머슨, 작가 토머스 페인, 발명왕 에디슨, 진화론자 다윈, 철강왕 앤드루 카네기, 정치가 링컨, 저널리스트 앨버트 허버드, 프랑스 황제 나폴레옹, 자동차 왕 포드였다.

나는 이들과 매일 밤 상상 속 회의를 하기로 했다. 방법은 이랬다. 잠들기 전 조용히 눈을 감고 그들과 함께 테이블에 둘러앉은 모습을 상상하는 것이다. 이 회의에서 나는 이 위대한 인물들과 함께하면서 의장직도 겸했다. 이 회의의 목적은 분명했다. 그것은 이 위인들의 훌륭한 개성을 합하여 내 성격을 개조하는 것이었다. 내 안에 들어있는 잘못된 습성을 고쳐 새로운 인격으로 다시 태어나려는 목적을 오래전부터 가지고 있었으므로 신중하게 생각하고 내린 결단이었다.

나는 응용 심리학에 관한 연구를 해오면서 인간은 온갖 사고의 결정체라는 것을 이해하게 됐다. 자기 암시를 통해 끊임없이 무의식에 자극을 주면 그 사람의 인격에 근본적 변화가 생긴다는 것을 알았기 때문에 상상 속 회의를 통해 나를 다시 태어나게 하고 싶었다.

처음 몇 번은 회의를 진행하는 것이 어려웠지만, 일주일이 지나자 상상 속 회의의 주인공들이 내 눈앞에 나타났다. 그리고 한 달이 지나자 그들과 대화가 가능해졌다. 나는 회의 중 한 사람을 지명하여 필요한 정보나 지식을 흡수했다. 그들의 발언은 크고 분명하여 누구나 들을 수 있었다. 내가 그들에게 질문이나 요청을 하면 그들은 나에게 적당한 답변을 해주었다.

"에머슨, 자연과의 접촉에서 고독과 희열을 발견한 통찰력과 당신의 인생을 훌륭한 시의 세계로 인도한 대자연의 신비에 대해 들려주시겠습니까? 어떻게 하여 당신은 대자연의 신비를 그렇게 속속들이 알게 되었습니까? 어떤 것이라도 좋으니 당신을 매혹한 그것들을 내 마음속에 심어주기 바랍니다."

"나폴레온, 자연은 신비 그 자체입니다. 하지만 자연의 변화는 원인과 결과가 분명합니다. 자연의 변화는 인간의 변화만큼 복잡하지 않습니다. 인간 세상은 각자의 욕심과 감정이 부딪히는 바람에 인과 관계를 파악하기 어렵습니다. 그렇다 하더라도 자연의 법칙을 벗어나서 우리 인생이 존재할 수는 없습니다. 주기적으로 자연의 변화를 관찰하세요. 당신도 자연에 매혹될 뿐 아니라 거기서 인생의 원리를 깨달을 수 있을 것입니다."

"허버드, 뛰어난 화술과 시대의 흐름을 해석할 수 있는 능력, 말을 조합해서 그림처럼 정확하게 전달할 수 있는 능력, 의미를 정확하게 전달할 수 있도록 리드미컬하게 글을 쓸 수 있는 능력을 내 안에 심어주기 바랍니다."

"나폴레온, 말과 글은 그 사람의 마음과 정신을 표현하고 있습니다. 당신의 마음과 정신을 가꾸고 생각을 가다듬는 훈련을 먼저 하시기 바랍니다. 글을 많이 쓰는 것도 중요하지만, 정리가 잘된 책을 많이 읽고 깊이 사색하기 바랍니다. 생각을 정교하게 할수록 당신의 글도 정교해질 것입니다."

"나폴레옹, 역경을 이용할 수 있는 전략적 능력, 사람들에게 자신감과 용기를 주고 이끌 수 있는 당신의 훌륭한 능력을 나도 내 안에 심고 싶습니다. 또 전쟁에서 승리하고 적을 격파한 과감하고 참을성 있는 신념에 대해서도 배우고 싶습니다."

"나폴레온, 당신의 이름은 나와 비슷하군요. 전쟁의 승패는 전장에서 결정되는 것이 아니라 싸움을 시작하기 전 막사에서 이미 판가름이 납니다. 전쟁은 신념의 싸움입니다. 어느 편이 승리에 대한 불타는 마음으로 가득 채워져 있느냐가 중요합니다. 물리적인 싸움은 신념의 승패를 현장에서 확인하는 것에 불과합니다. 그래서 나는 내 사전에는 불가능이 없다고 말했던 것입니다."

"페인, 미국의 독립을 위해 온몸 불사르기를 마다치 않는 정의로움과 용기, 그리고 사람들을 설득하는 논리력과 지치지 않는 열정을 배우고 싶습니다."

"나폴레온, 당신은 어떤 삶을 살기 희망합니까? 그대가 가진 삶의 명분은 무엇입니까? 인간은 자신이 의미를 부여한 대로 자기 인생을 살아가게 됩니다. 작은 삶을 희망하거든 작은 목표를 세우십시오. 큰 삶을 원하거든 원대한 포부를 가지십시오."

"다윈, 당신이 자연과학의 분야에서 어떠한 선입견과 편견에도 굴하지 않았던 연구 태도와 불가사의한 인내력을 나도 갖고 싶습니다."

"나폴레온, 인간을 편협하게 만드는 모든 독단적 지식을 거부하십시오. 진리라 믿었던 것들이 혹시 거짓은 아닌지 의심하기 바랍니다. 우리는 너무나 쉽게 아무 비판 없이 모든 지식을 흡수하곤 합니다. 천동설이 진리가 아니었듯이 수천 년간 진리로 여겨졌던 것들도 의심하고 비판적으로 접근할 때 우리는 좀 더 진리에 근접한 인간이 될 수 있습니다."

"카네기, 자신보다 능력 있는 사람들을 조직화할 줄 아는 경영능력과 당신이 위대한 사업을 성취하는 데 사용한 당신의 '성공철학'을 나도 완전히 이해하고 더 발전시키고 싶습니다."

"나폴레온, 힘은 조직화했을 때 커지고 능력을 발휘합니다. 그대가 매일 연구하고 접하는 지식을 단편적인 조각으로 대하지 말고 거대한 진리의 사슬로 만드십시오. 구슬이 서 말이어도 꿰지 못하면 보배가 되지 못합니다. 씨줄과 날줄이 합쳐져 천이 만들어지듯 경험과 지식의 씨줄 날줄을 잘 엮어 나가세요."

"링컨, 진지하게 목적을 달성하는 점, 유머와 위트, 남을 이해하는 마음, 친구와 적을 가리지 않고 누구에게나 공정하게 대하는 정의감, 관용의 정신 등 당신이 가진 재능을 나도 기르고 싶습니다."

"나폴레온, 목표가 클수록 인내의 시간도 길어집니다. 당신이 가진 원대한 목표는 분명 세상 사람들에게 빛과 소금이 될 수 있습니다. 하지만 산이 높으면 골짜기가 깊듯 뜻을 이루는 그 날까지 많은 고갯길이 나타

날 것입니다. 그럴 때마다 그것들이 자신을 깨우치고 지혜를 주며 더 단단하게 만들어준다는 사실을 잊지 마십시오."

"포드, 한 사람 한 사람의 노력을 조직화하여 단순화시킨 그 지혜와 결단력, 그리고 용기와 인내력을 나도 배우고 싶습니다."

"나폴레온, 나는 정규 학교보다는 세상이라는 학교와 역경이라는 대학에서 용기와 인내를 배웠습니다. 내게는 경험이 자산이었으며 만나는 사람들이 스승이었습니다. 우리가 매일 만나는 사건과 사람은 내게 가장 최적화된 배움을 제공하고 있다는 사실을 기억하십시오."

"에디슨, 자연의 비밀을 파헤쳐 인간의 삶에 지대한 공헌을 끼친 신념과 수천 번 실패에도 굴하지 않는 도전 정신을 내 안에 심고 싶습니다."

"나폴레온, 문제를 만나거든 괴로워하지 말고 걱정하지도 말고 문제에 대해서만 깊이 생각하십시오. 생각하고 또 생각하다 보면 반드시 해결책을 찾을 수 있습니다. 얼마나 많은 사람이 쓸모없는 걱정으로 하루를 보내고 있는지 모릅니다. 그 시간에 자신의 두뇌를 최대한 가동하여 생각하는 데 집중한다면 시간은 걸릴지 몰라도 대부분 문제는 해결되고 말 것입니다."

몇 달이 더 지나자 놀라운 일이 벌어졌다. 회의는 실제 상황처럼 진행됐다. 그들은 자기의 의견을 적극적으로 발표하고 자기들끼리도 대화를 주고받았다. 나는 그들의 대화를 보고 들으며 그들의 특징을 파악했다.

어느 날은 유전과 지능에 대한 주제로 토론을 진행했다. 이것은 성공철학의 핵심과도 맞닿아 있었으므로 나는 그들의 이야기를 주의 깊게 들었다.

다윈: 그 부분에 대해서 나의 의견을 말하자면 인간의 지능은 유전의 영향이 큽니다. 사람의 지능은 부모로부터 어떤 유전자를 전수받느냐에 따라 차이가 나게 되지요. 그런데 여기서 한 가지 중요한 것은 바로 환경입니다. 아무리 좋은 유전자를 받아도 환경이 받쳐주지 않으면 유전자는 제대로 발현되지 못하지요. 북극곰을 열대지방에 데려다 놓는다든지 활엽수를 시베리아지방에 옮겨 심는다면 어떤 일이 벌어지겠습니까?

에머슨: 물론 당신의 말은 일리가 있습니다. 그러나 인간은 동물이나 식물과는 다른 점이 있습니다. 두뇌가 크고 생각을 하며 마음대로 돌아다니며 도구를 사용한다는 것입니다. 이것은 인간만이 고도의 정신활동을 한다는 것을 보여줍니다. 환경이 지능에 영향을 미치는 것은 분명한 사실이지만 인간은 그 환경을 극복할 정신을 지니고 있습니다. 아무리 척박한 환경에 처했더라도 그것을 이기고 자기만의 드라마를 만들어 낸 사람을 우리는 얼마든지 볼 수 있습니다. 지능은 자신이 자기 마음을 어떻게 개발하느냐에 달려 있을 따름입니다.

링컨: 두 분의 말씀에 나도 동감합니다. 나는 어렸을 때 비가 새는 집에서 가난과 싸우느라 학교도 다니지 못하고 얼마든지 잘못된 길로 빠질 수 있었습니다. 나는 한대지방에 온 활엽수나 마찬가지였죠. 거의 독학으로 배움을 이어갔고 변호사가 되었는데, 에머슨의 말처럼 어느 순간부터 마음을 개발하는 법을 알게 됐고 시간이 지나면서 더 능통해질 수 있었습니다. 그런데 그렇게 할 수 있었던 이유는 바

로 나의 어머니 덕분입니다. 어린 나이에 어머니가 돌아가셨지만 나는 인생에 필요한 자양분을 어머니와 함께했던 시간 동안 충분히 공급받을 수 있었습니다. 어머니는 나의 가장 중요한 환경이었습니다.

한번 토론이 시작되면 그들의 대화는 그칠 줄 모르고 계속됐다. 토론을 계획한 날은 밖에 있다가도 서둘러 집에 왔다. 나는 그들의 얘기뿐만 아니라 표정이나 말투 몸짓도 놓치지 않으려고 노력했다. 나는 언제부터인가 이 시간을 즐기기 시작했다. 위인들과 함께하는 회의는 누구와도 바꿀 수 없는 마스터 마인드 시간이 되었다.

그즈음 나는 대중 앞에서 연설할 기회가 많았으나 번번이 실패를 맛보았다. 그런데 상상회의를 시작하고 1주일 후에 진행했던 연설에서 나는 청중들의 집중도가 예전과 확실히 다르다는 것을 느꼈다. 연설이 끝난 후 반응도 예전과 딴판이었다. 같은 주제로 한 번 더 연설해 달라는 요청도 받았다. 내 연설의 수요는 계속 늘어났다.

1920년 5월 피츠버그에 있는 광고클럽 앞에서 '성공으로 가는 마법의 사다리'라는 주제로 연설했는데 미국의 내로라하는 거대기업의 임원들이 참석했다. 그날 클럽에서 여러 연사가 나섰지만, 그들은 나의 연설이 끝나자 가장 열렬한 박수를 보내며 환호했다.

상상회의 효과는 여기에 그치지 않았다. 내가 상상 속 회의에 참여했던 사람들을 열심히 흉내 내기 시작하자 내 말뿐만 아니라 내 펜에도 새로운 힘이 나타나기 시작했다. 맑은 밤 보름달처럼 분명하게, 강력하고 설득력 있게 글쓰기 능력이 향상되는 것을 느꼈다. 그것은 내가 허버드에게서 그토록 닮고 싶었던 능력이었다. 이것은 내가 목표를 이루려고 의도적으로 자기 암시를 한 결과였다.

상상회의를 통해 나의 인격에 변화가 온 것은 물론이거니와 육감이 개발되어 예민해졌음을 알게 됐다. 육감은 오감의 감각을 넘어선 특별한 수신기와 같다. 육감은 말로 설명하기 어렵지만 무한한 지성과 직접 연결하는 통로 역할을 할 수 있다. 그렇다고 육감이 자연의 법칙을 넘어서서 작용하는 것은 아니다.

어느 날은 상상회의 위원 중 한 사람이 나의 고민과 문제를 알고 해결책을 일러주기도 하였다. 하지만 내가 그들에게 의지하거나 맹목적으로 그들을 추종하는 건 아니었다. 어디까지나 회의의 주관자는 나였으므로 나는 그들 의견에 귀를 기울이고 좋은 제안과 의견을 채택할 뿐이었다.

이 회의를 통해 잠재의식을 개발하는 방법에 대해 더 눈을 뜨게 되었다. 성공과 행복으로 가는 길에 육감을 개발하는 것이 매우 중요하다는 것을 확인한 시간이기도 했다. 그 이후로 이 회의를 다른 형태로 응용하게 됐다.

상상회의는 1년 정도 지속했고 그 후에는 상담으로 바꾸었다. 상상회의 참가자 중 내 고민이나 문제를 해결하는 데 적합한 인물에게 상상으로 상담을 진행했다. 상담결과는 만족할만했다. 그래서 다른 사람들에게도 이 방법을 권할까도 생각했지만, 신비주의로 오해받을 것 같아 그만두었다. 대신, 상담을 청해온 사람들에게 "만약 당신이 멘토로 삼고 있는 누군가를 생각하고 그 사람이라면 이런 상황에서 어떻게 했을까, 하고 생각해보세요. 그렇게 생각하다 보면 그 사람의 지혜를 자기 것으로 가져다 쓸 수 있게 됩니다."라고 알려주었다.

끌어당김의 법칙

월간지를 발행하면서 나는 그것을 작은 논문을 발표하는 장으로 활용했다. 성공철학의 이론적인 토대가 될 수 있는 내용과 경험으로 터득할 수 있는 것을 엮어 에세이 형식으로 발표를 계속했다. 매달 한 개의 에세이 발표를 목표로 하다 보니 날짜를 맞추기가 쉽지 않았지만 연구한 내용을 제대로 검증하고 체계적으로 정리할 수 있었다.

1919년 3월호에는 '끌어당김의 법칙'을 발표했는데 이것은 나중에 '유유상종의 법칙'으로도 불렸다. 성공철학을 연구하면 할수록 성공은 외부 상황보다는 그 사람의 마음 상태와 밀접한 관련이 있다는 믿음이 점점 강해졌다. 나는 이와 관련된 연구도 계속했다.

우리 마음에는 하나의 경향이 있다. 같은 방식으로 갚으려는 것이다. 내가 친절한 행동을 받으면 친절로 갚으려 하고, 내가 부당한 대접을 받으면 똑같은 방법으로 갚아주려 한다. 즉, 비슷한 마음의 상태는 서로를 끌어당기는 것이다. 나는 이 주제에 대해 오랜 시간 탐구를 했는데 작가 우드로 윌든 부인의 글에서도 그에 대한 메시지를 읽을 수 있었다. 그녀의 글을 요약하면 다음과 같다.

「우리는 전반적으로 자신의 마음을 차지하고 있는 것을 일상에서 자주 마주하게 된다. 예를 들어 모르는 단어를 우연히 발견했을 때, 그 단어를 발견한 후에는 더 자주 그 단어와 마주치게 된다. 내가 어떤 주제에 대해 집중적으로 연구하고 있을 때는 그와 관련된 기사나 자료가 더 많이 눈에 띄었다. 한번은 친구와 약속이 있어서 약속 장소에 갔는데 30분 정도 일찍 도착했다. 그래서 근처 서점에서 시간을 보내려고 서점으로 들어갔다. 진열된 책들을 보다가 왼쪽 기둥 뒤쪽에 가보고 싶은 강한 충동을 느꼈다. 그래서 그쪽으로 발걸음을 옮겼는데 맨아래 쪽 구석에 있는 책 한 권이 눈에 들어왔다. 나는 그 책을 집어 들고는 깜짝 놀라고 말았다. 그 책은 바로 내가 쓰고 있던 책의 중간에 들어가면 딱 좋은 내용이었다. 그때는 내가 중간부에 들어갈 내용이 부족해서 어떻게 해야 하나 고민하던 시기였다.

한 번은 친구가 집에 와서 나는 땅콩과 차를 대접했다. 그녀는 내가 식탁에 놓은 땅콩을 보고 깜짝 놀라 서 있기만 했다. 왜 그러냐고 물었더니 자기는 땅콩 알레르기가 있다고 했다. 나는 그런 희귀한 병이 있다는 것을 처음 알았다. 그래서 그런 병도 있냐고 물었더니, '아냐, 내 주변에 땅콩 알레르기 있는 사람들 많아.'라고 했다. 나는 친구가 돌아간 뒤 생각에 잠겼다. '분명 내 주변에는 땅콩 알레르기가 있는 사람이 하나도 없는데, 그녀 곁에는 왜 많은 걸까?' 그에 대한 과학적 답을 내릴 수는 없었지만 내가 내린 결론은 비슷한 생각과 마음의 상태는 비슷한 것들을 끌어당긴다는 것이다. 즉, 끼리끼리 모인다는 것이다.

최근에 나는 한 여인이 자신의 불운을 한탄하는 소리를 들었다.

'저는 하나를 얻기 위해 큰 노력을 해요. 수도 없이 실패하고 겨우 하나를 얻지요. 그런데 내가 아는 어떤 여인은 별로 힘을 들이지 않고도

기적을 만드는 사람 **나폴레온 힐**

내가 어렵게 얻은 것들을 너무 쉽게 얻어요. 그녀는 저보다 똑똑하지도 않고 성실하지도 않은데 말이지요. 저를 지나쳐갔던 좋은 것들은 아무 애도 쓰지 않는 그녀에게 가곤 한답니다. 이런데도 세상이 공평하다고 할 수 있을까요?' 그녀는 세상이 불공평하다고 항변했지만 자기도 모르는 사이 유유상종 법칙을 긍정하는 말을 한 것이다.

나는 운이 아주 좋은 여성도 알고 있다. 그녀는 늘 좋은 일을 고대하고 그것을 즐겁게 맞이할 마음의 준비를 하고 있었다. 그리고 매번 자기의 기대를 확인하고 있다. 누구나 일이 잘 안 풀릴 때가 있다. 하지만 그것의 원인을 불운이나 세상의 불공평으로만 몰아간다면 그 사람이 맞이할 미래는 너무 분명하지 않을까?」

이 글을 읽으며 나는 그녀의 의견에 깊이 공감했다. 사실 나도 그와 비슷한 체험을 여러 번 했다. 우리는 취미나 관심사가 비슷한 사람끼리 모이거나 종교적 성향이나 학문적 흥미 분야에 따라 갈라지는 것을 볼 수 있다. 또 노숙자들이 모이는 곳에 보통사람들은 함께 하지 않는다. 끼리끼리 모이는 것은 자연스러운 현상이다. 사람의 생각과 감정이 어우러져 마음이 형성되고 그 마음의 파장에 맞추어 서로를 끌어당겨 함께 모이게 되는 것이다.

돌이켜보면 카네기와 나의 만남에도 '끌어당김의 법칙'이 작용했다. 나는 성공한 사람들의 이야기를 취재하여 연재할 계획을 갖고 있었고, 카네기는 성공철학을 집대성할 사람을 찾고 있었다. 서로의 마음 주파수가 일치하게 됐고, 우리는 만났다.

이처럼 마음의 상태는 비슷한 것들을 끌어당긴다. 따라서 생각과 감정을 조심해서 다루어야 한다. 우리는 부에 대한 열망보다는 가난에 대한 두려움을 가진 경우가 많다. 그 두려움이 존재하는 한 우리의 무의식은 가난에 대한 생각으로 가득 찰 수밖에 없다. 결과적으로 그러한 마음 상태는 그 사람의 노력을 무산시키고 실패를 가져오게 된다.

우리 정신은 끊임없이 생각을 통해 에너지를 방출하고 있다. 그것이 건설적인지 파괴적인지 결정하는 것은 그 사람의 마음이다. 바람직하고 긍정적인 결과를 가져오기 위해서는 마음의 주파수를 성실과 열정에 맞추어야 한다.

나는 '끌어당김의 법칙' 칼럼을 쓰기 얼마 전 이 원칙이 적용되는 생생한 현장을 목격했다. 나는 두 아들과 함께 새와 다람쥐에게 먹이를 주며 공원을 걷고 있었다. 첫째 제임스는 크래커를 한 상자 샀고 둘째인 블레어는 땅콩을 한 봉지 샀다. 제임스가 갑자기 땅콩이 먹고 싶었는지 작은애에게 물어보지도 않고 손으로 동생의 땅콩 봉지를 낚아채려고 했다. 그러자 작은애는 땅콩 봉지를 품에 숨기며 제임스의 턱을 가격했다.

나는 유유상종과 보복의 법칙이 적용된 한 사례를 보았다고 생각했고, 반대 상황은 어떻게 작동되는지 확인하고 싶었다. 그래서 제임스에게 이렇게 속삭였다.

"내가 땅콩을 얻는 방법을 알려줄게, 제임스. 네 크래커를 동생에게 몇 개 줘봐. 그러면 알게 될 거야."

제임스는 자신의 크래커를 동생에게 집어 주었다. 그러자 둘째는 형에게 묻지도 않고 사신의 땅콩을 한 움큼 집어서 형의 코트 주머니에 넣어 주었다. 아까 땅콩을 뺏으려 하는 형에게 주먹을 날릴 때처럼 자기가 받은 것과 똑같은 방식으로 갚아 준 것이다. 더 정확하게 말하면 제임스가 동생의 땅콩 봉지를 낚아채려 한 행동은 동생이 형에게 주먹을 날리는 행위를 끌어왔고, 동생에게 크래커를 먼저 준 행위는 형에게 땅콩을 주는 행위를 끌고 온 것이다.

이처럼 '끌어당김의 법칙'은 너무나 일반적이다. 나는 이 해프닝을 보면서 자연의 법칙은 너무나 간단하다는 생각을 했다. 신의 경제법칙은 단순하고 명쾌했다. 그것은 우리가 준 것만큼 받게 된다는 것이다. 내가 세상에 준 것이 나에게 끌려온다. 그것이 말이든 행위든, 생각이든, 무엇이든. 그날 아이들과 집으로 돌아오면서 나는 카네기가 한 말을 다시 생각했다.

"거듭 말하지만 '마음의 상태'가 성공과 실패를 좌우합니다. 뉴욕의 번화가를 한번 걸어보십시오. 거기서는 풍요가 느껴질 것입니다. 하지만 빈민가를 걸을 때는 빈곤과 좌절이 느껴질 것입니다. 자기 생각과 마음을 부와 번영에 맞추면 지금 아무리 고달픈 현실에 놓여 있더라도 결국 그러한 삶은 끝나고 말 것입니다."

사람의 마음은 현실을 끌어당기는 거대한 자석과 같은 것이다.

동업자의 배신과 새 잡지 창간

창간 후 순조롭게 잡지 사업이 진행되고 있었고 더불어 나는 강연활동으로 바쁜 나날을 보내고 있었다. 내가 꿈꾸던 일들이 현실로 이뤄져 나는 만족한 시간을 보내고 있었다. 잡지는 창간 6개월 만에 전 세계 영어권 국가에서 읽히는 잡지가 되었다.

나는 황금률을 전파하면서 그와 부합한 삶을 살기 위해 노력했다. 내메시지를 전달받은 사람들은 선의의 물결로 보답했다. 뿌린 대로 거둔다는 진리를 확인하는 과정이었다. 이대로만 간다면 더는 실패를 경험하는 일은 없을 거라 여겼다. 하지만 내게는 아직도 통과해야 할 시험이 있었다. 그러한 시험은 보통 예상하지 못한 순간에 치르게 된다. 그렇게무방비 상태에서 겪어야만 그 사람의 진실한 모습이 드러나기 때문일 것이다.

내게도 시험은 급작스럽게 찾아왔다. 잡지를 창간하고 3년째 되던 해,승승장구하던 사업은 암초를 만났다.

내 동업자 두 사람은 나를 속이고 잡지 발행권을 독차지하려 했다. 처음에는 후하게 돈을 지불할 테니 출간에서 손을 떼라며 은밀하게 제안을 했다. 물론 나는 단호하게 거절했다. 그런데 10월호를 펼친 순간 판권지에 내 이름이 빠진 것이 보였다. 참으로 기가 막혔다. 나는 내가 만

기적을 만드는 사람 **나폴레온 힐**

든 회사에서 쫓겨나고 말았다.

나는 수많은 독자에게 황금률을 설파했었다. 강연을 갈 때마다 오직 황금률을 실천하라고 강조했었다. '그런데 황금률이 진리가 아니란 말인가? 그동안 나는 무엇을 사람들에게 가르친 것인가? 그토록 내가 강조하던 진리가 틀렸음을 내가 증명하고 말다니?'

이런 의문들로 내 마음은 혼란스러웠다. 하지만 답을 찾을 수 없었다. 너무 놀란 나는 가만히 숨을 고르고 상황을 지켜보았다. 나에게서 회사를 뺏어간 사람들은 더욱 승승장구했다. 나는 속수무책인 상황에서 몇 달을 보냈다. 나는 정상에서 추락했고 나를 아는 모든 사람들이 나를 비웃는 것 같았다.

커다란 악몽 속에서 헤매다 손 하나 까딱할 수 없는 지경까지 이르렀다. 나는 그 어느 때보다 비참한 상태에 놓여 있었다. 하루아침에 큰 저택에서 단칸방 아파트로 쫓겨나고 말았다. 나는 재기할 의지를 내지 못하고 있었다. 사막 한가운데 혼자 내 버려진 기분이었다.

어느 날 밤, 나는 방에 불도 켜지 않은 채 천정을 바라보고 있었다. '카네기는 실패에는 그에 상응하는 성공의 씨앗이 반드시 들어있다고 했다. 나는 여기서 무엇을 배우고 얻게 될 것인가?' 눈을 감고 그와 인터뷰하던 그 날로 돌아갔다.

"실패만큼 사람을 좌절의 구렁텅이로 빠뜨리는 것은 없을 것입니다. 실패의 기억이 너무나 고통스럽기 때문에 사람들은 그것을 떠올릴 때마다 힘들어합니다. 하지만 실패는 신이 인간에게 내리는 형벌이 아니라 계획과 방향을 수정하라는 긍정의 신호임을 알아야 합니다.

나는 좌절과 역경을 경험하지 않고 위대한 성공을 이룬 사람을 보지 못했습니다. 인간은 실패를 통해 단련되고 더 강해집니다. 그리고 이러한 실패의 과정을 겪으며 '진실한 자아'를 발견하게 되는 것입니다."

'그래, 큰 좌절이 없이는 큰 성공도 없다. 고난의 구렁텅이에 빠져보지 않고 만들어진 성공철학이 어떻게 사람의 마음을 움직일 수 있겠는가?' 나는 일어나 마음의 어둠을 걷어내듯 창문의 커튼을 젖혔다.

며칠 후 우편함을 살피다 눈에 띄는 우편물을 발견했다. 나는 봉투를 뜯고 내용물을 확인했다. 봉투를 열자 수표 한 장이 바닥에 떨어졌다. 나는 수표를 집어 들고 금액을 확인했다. 2만 5천 달러였다. 순간 숨이 멎는 듯했다. 잘못 배달된 것이 아닌가 하여 주소와 받는 사람을 확인했다. 내게 온 것이 확실했다. 수표에 동봉된 편지를 읽었다.

거기에는 두 가지 조건이 있었다. 두 조건을 받아들이면 나는 은행에 가서 그 돈을 찾아 쓸 수 있었다. 그런데 그 내용은 이제까지 내가 주장하고 부르짖었던 내용을 부정하는 것이었다. 황금률을 부정하고 현실과 타협할 것인가? 나는 커다란 시험에 들었다. 그 돈이라면 새로 얼마든지 잡지사를 시작할 수 있었다. 나는 돈을 돌려보내거나 은행으로 가는 선택을 해야 했다. 며칠 시간을 두고 천천히 생각해볼까 하는 마음도 들었다.

그런데 그때 갑자기 가슴속에서 종소리가 들렸다. 그 어느 때보다 더 크고 분명한 소리였다. 한편으로 온몸의 피가 마구 소용돌이치는 느낌이 들었다. 나는 난생처음 겪는 느낌에 어쩔 줄을 몰랐다. 마치 뇌에서 화학 변화가 일어난 것만 같았다. 너무도 강렬하고 극적인 상황에서 한 목소리가 내면에서 들렸다.

"어떤 대가도 바라지 말고 2만 5천 달러를 반송하라."

하지만 마음의 갈등은 계속됐고 종소리는 계속 울렸다. 나는 꼼짝없이 그 자리에 서 있었다. 그러다 나는 마음을 정했다. 심장으로부터 나오는 음성을 따르기로 한 것이다. 나는 눈앞의 유혹을 거절했다. 유혹을 물리치는 순간 나는 보이지 않는 어떤 힘의 손길을 느꼈다. 그리고 나지막이 하나의 음성을 들을 수 있었다.

"모든 실패의 그늘에는 신이 계신다."

나는 미련 없이 수표를 되돌려 주었다. 그런데 그러고 나서 묘한 일들이 연달아 일어났다. 필요한 자금이 여러 군데서 들어온 것이다. 나는 아무 일도 하지 않았는데 여기저기서 연락이 왔다. 나는 심은 대로 거두는 '인과의 법칙'이 작용하고 있음을 느꼈다. 상이나 벌은 시간이 걸릴지라도 분명히 주어졌다. 나는 황금률이 여전히 작동하며 분명한 자연의 법칙으로 존재함을 확인했다. 마침내 잡지 발행에 필요한 예산을 충분히 확보했다.

상황이 흘러가는 걸 보면서 카네기의 말이 떠올랐다.

"제가 아는 변호사 중에 황금률이 습관화된 사람이 있습니다. 그는 정의롭지 않은 사건은 절대 맡지 않습니다. 그렇게 되면 사업상 손해가 클 것 같지만, 전혀 그렇지 않습니다. 사건 의뢰가 끊임없으며 수입도 변호사 평균의 10배가 넘습니다. 많은 사람이 그에게 사건을 의뢰하는 이유는 그가 고객을 속인다거나 옳지 않은 방법을 사용하지 않을 거라는 믿음 때문입니다.

명확한 목표 아래 황금률을 실천한다면 그 사람은 머지않아 경제적인 이익도 확인하게 될 것입니다. 어떤 사람은 남을 도와주면 그 사람만 이익이고 그가 갖지 않는 경우도 많기 때문에 굳이 그렇게 할 필요가 없다고 얘기하는 사람도 있습니다. 하지만 이것은 일시적인 현상을 일반적인 것으로 오해한 것입니다. 황금률은 우리의 습관이 되어야 합니다. 이것은 우리 사회를 천국으로 만드는 가장 확실한 길입니다."

나는 잠시 마음이 흔들리고 황금률에 대해 의심했던 일이 부끄럽게 느껴졌다.

예산이 확보되자 1921년 4월 〈나폴레온 힐 매거진〉 창간호를 출간했다. 회사는 빠르게 성장했다. 내가 재기한 것을 알고 많은 친구들이 응원을 해주었다. 그해 9월을 넘어서자 손익분기점을 넘어섰다. 나는 다시 성공의 가도에 들어선 것이다.

7장

마법의 사다리

조직화 된 힘

'나폴레온 힐 매거진'을 만드는 과정은 즐겁고 보람 있었다. 사람은 자기가 좋아하는 일을 하게 되면 피곤을 느끼지 못하고 일의 성과 또한 몇 배 높일 수 있다는 것을 자주 경험했다.

어느 날 나는 다른 날과 마찬가지로 작업에 몰두하고 있었다. 한창 작업을 하고 있는데 유리창 너머로 해가 지는 것이 보였다. 그런데 분명히 오후에 작업을 시작했기 때문에 이상한 생각이 들어 창밖을 유심히 바라보니 해가 뜨고 있었다. 나는 꼬박 밤을 새운 것이다. 그런데도 몸은 개운하고 기분은 상쾌했다.

잡지를 전국에 배포하는 일은 복잡하고 손이 많이 가는 공정을 거친다. 잡지 원고를 쓰고 편집해서 인쇄하는 일은 간단한 축에 들었다. 하지만 직원들과 나는 모두가 좋아서 하는 일이기 때문에 놀이처럼 했다. 누구 하나 피곤하다고 불평하는 사람은 없었다.

우리는 저녁을 먹고 산책을 했다. 거리를 걸으면서 서로의 생각을 나누고 각자의 철학을 교환했다. 황금률에 기초하여 서로 힘을 합쳐 일하는 것이 얼마나 즐겁고 아름답고 감동적인 일인지 우리 스스로 체험했다. 그리고 그것을 사람들이 알게 해주는 데 우리의 모든 역량을 집중했다.

그즈음 강연활동도 활발하게 진행했다. '성공에 이르는 마법의 사다리'라는 주제의 강연은 미국 전역에서 진행했다. 이 강연은 부자든 아니든, 많이 배웠든 그렇지 않든 대상을 가리지 않고 많은 호응을 얻었다.

사람의 힘과 역량은 단순하게 발휘되는 것이 아니라 조직화 될 때 그 파워가 증폭되고 영향력을 발휘한다. 지혜는 지식을 조직화할 때 생겨난다. 체계화되지 않고 단편적으로 사용되는 지식은 힘이 없다. 백과사전에 아무리 많은 지식이 담겨 있어도 그것을 의도하여 재가공하기 전까지는 힘을 발휘하지 못한다.

조직화한 힘에는 두 가지가 있다. 하나는 개인이 자신의 역량을 조직화하여 힘을 키우는 것이다. 다른 하나는 개인들의 모임인 단체를 조직화하는 것이다. 잘 훈련된 정예부대가 몇 배 숫자가 많은 군대와 싸워 이긴 사례는 많이 있다. 이것이 조직화의 힘이다. 이 부대는 개개인의 우수한 역량과 더불어 단체의 힘을 조직화하는 역량을 기름으로써 이런 결과를 만들어냈다. 여럿이 함께 조직화 노력을 기울이면 혼자서 노력할 때와는 비교할 수 없는 힘을 발휘한다.

그렇다면 개인이 성공으로 가기 위해서는 어떻게 자기 능력을 조직화해야 하는가? 나는

16 황금률

15 반복적 사용

14 관용

13 실패에서 배우기

12 인내

11 집중

10 정확한 사고

9 매력적인 성격

8 보상을 생각하지 않고 일하는 습관

7 자제력

6 열정

5 실행

4 상상력

3 진취성

2 자신감

1 명확한 목표

여기서 사다리의 가로대 열여섯 개에 비유하여 '성공에 이르는 마법의 사다리'의 강연 목록을 구성했다. 거기에는 그동안 연구하면서 내가 직접 경험한 꼭 필요하고 확실한 교훈이 들어있었다. 열여섯 가로대의 목록은 다음과 같다.

①명확한 목표 ②자신감 ③진취성 ④상상력 ⑤실행 ⑥열정 ⑦자제력 ⑧ 보상을 생각하지 않고 일하는 습관 ⑨매력적인 성격 ⑩정확한 사고 ⑪ 집중 ⑫인내 ⑬실패에서 배우기 ⑭관용 ⑮반복적 사용 ⑯황금률

나는 이것들을 어떻게 자기 삶에 적용하여 실천하느냐에 따라 성공으로 가는 길이 열린다는 것을 그즈음에 했던 강연에서 역설했다. 또한, 이 열여섯 가지를 조직화하는 것이 관건이 된다는 것을 강조했다.

언젠가 나는 오하이오 교도소에서 강연한 적이 있었다. 강연 전에 교도소장과 차를 마시며 환담을 하다 수감자 중 낯익은 인물에 관한 얘기를 들었다.

"수감자 중에 모범적인 사례가 있다면 알려주세요."

"한때는 성공한 사업가로 이름을 날리던 브라운이라는 사람이 있는데 문서위조 혐의로 20년 형을 선고받아 수감 중입니다. 그런데 그가 재소자들에게 서신을 통한 통신교육을 해준 덕분에 재소자들이 방황하는 비율이 줄어들고 마음이 안정되고 평온해졌습니다. 다른 어떤 교육보다 효과적이더군요."

"잠깐만요. 혹시 인적 사항을 좀 확인할 수 있을까요? 내가 아는 그

기적을 만드는 사람 **나폴레온 힐**

브라운이 맞는지 확인하고 싶어서요."

확인을 해보니 그는 내가 알던 그 사람이 맞았다. 어떤 사정이 있어서 죄를 저지르게 됐는지는 모르지만 그를 만나보고 싶었다. 그래서 그와 면담을 요청했다.

오랜만에 그를 만나보니 건강은 양호해 보였고 교도소 안에서도 나름 대로 목표를 가지고 긍정적인 태도로 다양한 활동을 하고 있었다. 그의 얘기를 듣다가 잘만 하면 그를 일찍 감옥 밖으로 내보낼 수도 있겠다는 생각이 들었다. 그래서 나는 그에게 말했다.

"내가 두 달 안에 당신을 이곳에서 나가게 해주겠습니다."

"말씀은 감사합니다만 그러실 필요 없습니다. 이미 수십 명의 사람이 저를 꺼내려고 노력했지만, 번번이 실패하고 말았습니다. 저는 지금도 괜찮습니다. 소용없는 일에 너무 애쓰지 마십시오."

그는 출소할 희망을 접은 지 오래됐다고 했다. 카네기는 인터뷰에서 실패도 습관이라고 했다.

"실패를 부정적으로 받아들이는 것이 습관이 되면 그 사람의 무의식은 실패를 당연한 것으로 받아들이게 되고, 실패를 반복해서 경험하며 목표를 향한 의지를 상실하게 됩니다."

브라운의 상황이 딱 그랬다. 나는 절망스러운 그의 표정과 희망 없는 목소리를 듣자 꼭 그를 출소시키고야 말겠다는 의지가 강해졌다. 나는 브라운의 부인에게 연락하여 오하이오로 오라고 했다. 그리고 그를 출소시키기 위한 명확한 목표를 세우고 구체적인 계획하에 움직였다.

브라운 부인은 나에게 정말 남편이 석방될 수 있는지 여러 번 물었다.

"그동안 많은 분이 도움을 주려고 노력했습니다. 저명한 인사들도 있었고요. 탄원서도 여러 번 제출했습니다. 하지만 번번이 좌절됐어요. 이번에도 일이 잘못되더라도 저는 하나도 놀라거나 슬퍼하지 않을 것입니다. 이렇게 애써 주시는 것만 해도 저는 감사할 따름입니다."

"이번에는 그 전과는 많이 다릅니다. 아마 생각했던 것보다 일이 빨리 해결될 수도 있을 거라 생각합니다."

나는 카네기가 말했던 마스터 마인드 원리를 적극적으로 활용해야 함을 느꼈다. 카네기는 '마스터 마인드는 혼자서는 결코 얻을 수 없는 거대한 파워를 갖게 한다. 따라서 마스터 마인드의 연합은 모든 인간관계에서 꼭 필요하다. 두 사람이 연합하여 만든 제3의 마음은 기적을 만드는 원동력이 된다.'라고 했다.

브라운의 출소를 위해서 이 일에 관계된 사람들의 마음을 하나의 거대한 사슬로 묶어 마스터 마인드를 형성해야 교도소의 육중한 문이 열리는 기적을 체험할 수 있으리라 생각했다.

며칠 뒤 오하이오 주지사를 찾아갔다.

"주지사님, 저는 브라운의 석방을 요청하기 위해 이렇게 찾아왔습니다. 브라운은 이미 석방에 충분한 조건을 가지고 있습니다. 그는 복역 중 서신을 통한 통신교육 시스템을 만들었습니다. 현재 교도소에 있는 2,619명의 재소자 중에서 1,819명이 그의 강의를 들을 정도로 좋은 성과를 거두고 있습니다.

더구나 교육에 필요한 교재와 교구를 스스로 조달하여 주 정부의 도움 없이 그 일을 해내고 있습니다. 그가 모범적인 수형 생활을 하고 있다는 것이 교도관들의 일치된 의견입니다. 1,819명의 삶에 긍정적 영향을 끼치는 사람이라면 그는 선량한 사람이 틀림없습니다. 부디 브라운을 석방해 주시기 바랍니다."

"나도 브라운이 모범적인 수형 생활을 하고 있다는 사실을 알고 있습니다. 하지만 그렇다고 해서 재판을 통해 형이 확정된 죄수를 함부로 풀어줄 수는 없습니다. 교도소 안에서는 모범수였지만 사회에 나가서 다른 범죄를 저지르는 경우도 종종 있습니다. 만약 그가 그런 사람 중 한 명이 된다면 그에 대한 책임은 누가 질 것입니까?"

"주지사님의 염려를 잘 알고 있습니다. 저는 그가 출소 후에 재소자를 위한 학교의 책임자로 활동하기를 희망합니다. 이미 하는 일이고 재소자들의 상황을 누구보다 잘 알고 있으므로 그는 그 일을 훌륭하게 해낼 것입니다. 그동안 재소자 교육이 효과를 거두지 못한 것은 그들의 마음과 상황을 헤아리지 못한 일방적 교육이었기 때문입니다. 그가 자유의 몸이 되어 미국의 16만 재소자들에게 동일한 가치의 교육을 진행할 수 있도록 기회를 주십시오. 물론 이러한 저의 의견에 결단을 내리기 어려운 부분도 있으리라 생각합니다. 만약 브라운을 사면하게 되면 정치적 비판에 직면할 수도 있다는 점을 저도 잘 알고 있습니다. 하지만 만약 브라운을 사면하시면 그의 이러한 활동에 힘입어 주지사님이 다음 선거에 출마했을 때 더 많은 표를 얻을 수 있다는 것은 확실합니다."

내 마지막 말에 시큰둥하던 주지사의 표정이 바뀌었다.

"당신이 그렇게 적극적으로 나서니 될 것도 같군요. 한번 해 봅시다. 하지만 그전에 조건이 있소. 내가 사면장에 서명하기 전에 교도관과 담당 목사, 사면위원회의 추천이 있어야 합니다. 그전까지 나는 절대 움직일 수 없다는 사실을 명심하시오."

일은 간단히 성사됐다. 만남에서 거래가 성사되기까지 10분도 걸리지 않았다. 다음 날 나는 주지사가 요구했던 사면위원회의 동의서와 교도관의 추천서를 들고 주지사를 방문했다. 사흘 뒤, 브라운은 교도소 문을 나와 자유의 몸이 되었다. 나와 브라운은 반갑게 악수를 나눴다. 그는 교도소 문을 열고 나온 것이 실감 나지 않는다는 표정이었다.

"정말 감사합니다. 그런데 도대체 어떻게 하신 거예요?"

"사실 저는 별로 한 게 없습니다. 이미 브라운 당신이 사면에 필요한 모든 조건을 갖추고 있었기 때문에 제가 약간의 상상력을 동원해 그것을 조직화해서 현실화한 것뿐입니다."

많은 사람이 노력했지만, 그들은 치명적인 실수를 했다는 것을 알 수 있었다. 그것은 바로 사면 결정 권한을 가진 주지사의 이익에 대해 전혀 고려하지 않은 것이다. 브라운을 석방함으로써 주지사에게 닥칠 비판과 혹시 모를 다음 선거에서의 악영향을 고려하여, 주지사의 명예도 보호하고 다음 선거에서 표를 더 많이 얻는 데 긍정적인 영향을 준다는 확신을 주어야 주지사도 명분 있는 일에 흔쾌히 동참할 수 있는 것이다.

모두 브라운이 많이 반성했고, 모범수이기 때문에 선처해야 한다는 정도에 머물고 있었기 때문에 그를 석방할 수 없었다. 그들은 브라운을 반드시 석방하겠다는 명확한 목표와 자신감이 부족했다. 목표가 성취되기 위해서는 여러 가지 성공 원칙이 조화롭게 유기적으로 연결돼야 가능하다는 것을 확인했다. 성공원리를 어떻게 조직화하느냐가 문제 해결의 관건이 되는 것이다.

보상을 생각하지 않고 일하면

나는 잡지사 일을 하면서 꾸준히 강연을 계속했다. 내가 아이오와주 팔머 대학에서 학생들을 대상으로 강연 요청을 받았을 때의 일이다. 나의 매니저는 강연료로 100달러를 받기로 계약했다. 거기에는 출장 경비도 포함되어 있었다. 나는 기차 안에서 원고를 수정하며 강연 내용을 점검했다. '사회에 나가기 전에 익혀야 할 실질적인 성공 전략'에 대해 강연할 계획이었는데 핵심 내용은 보상을 생각하지 않고 자발적으로 일하는 것을 실천하여 습관화하라는 내용이었다. 날은 화창했고 차창 밖으로 보이는 풍경은 푸르름을 더했다. 마침내 기차역에 도착했을 때 나는 깜짝 놀라고 말았다.

기차역에는 환영행사를 진행하기 위해 행사 요원들이 나를 기다리고 있었다. 강연을 가면 보통 행사를 주최하는 기관이나 단체의 관계자가 1~2명 나와서 인도해주는 것이 일반적이었다. 꽃다발을 받은 데다 장내에 환영 음악이 울려 퍼지자 나는 부끄러운 생각이 들었다. '나는 이렇게 큰 환영행사를 받을 인물은 아닌데…' 기차역에 나와 있던 사람들은 학교 관계자에게 내가 누구인지 묻기도 했다. 한바탕 요란한 행사를 마치고 모두 학교로 이동하기 시작했다. 그런데 이 대학에서는 성대한 환영행사를 진행한 후에도 학교까지 극진하게 나를 대했다. 지금까지 어디서도 받아보지 못한 환대였다. 강연이 끝나고 저녁 만찬 행사에서 귀한 인연이 될 만한 분들을 많이 소개받았다. 분에 넘치는 대접을 받은 나는 강연료 이상의 것을 받았다고 생각했다. 그래서 학교 측에 정중하게 강연료를 거절했다.

"귀중한 분들을 많이 만났고 분에 넘치는 환대를 받았으니 강연료는 그것으로 이미 충분합니다."

"제가 오랫동안 강연자를 모셨지만 이렇게 강연료를 거절하는 분은 처음 봤습니다. 저도 강의하지만 가장 어려운 것이 강의한 대로 살아가는 것입니다. 성직자들도 자기가 설교한 대로 사는 것이 제일 힘들다고 하지요. 선생님의 뜻은 잘 알았습니다. 강연 내용만큼이나 감동적이군요."

그렇게 기분 좋은 마음 상태로 나는 사무실로 돌아왔다. 그런데 다음날 아침 팔머 박사는 2천 명이 모인 강당에서 학생들에게 이 사실을 알렸다.

"내가 20년 동안 이 학교에 재직하면서 수많은 유명 강사를 초청했지만, 강연료를 다른 방식으로 이미 받았다고 거절한 사람은 처음 봤습니다. 이분은 전국적으로 배포되는 '힐 매거진' 잡지의 편집인입니다. 나는 여러분이 그 잡지를 구독하기를 희망합니다. 왜냐하면, 여러분이 사회에 나가서 필요한 자질은 그런 분에게 배울 수 있기 때문입니다. 만약 이분처럼 보상을 받지 않고 일하는 습관을 지닌다면 여러분은 틀림없이 그 이상의 것을 보상으로 받을 것입니다."

다음날 영업담당 직원이 내 방으로 뛰어들어와 흥분된 목소리로 말했다.

"대표님, 지금 주문이 폭주하고 있습니다. 이번 달 매거진을 추가로 대량 인쇄를 해야 할 것 같습니다. 그리고 정기 구독자가 늘어나 다음 달에 발행하는 부수도 대폭 늘려야 합니다. 그런데 도대체 이게 무슨 일이죠?"

예상하지 못한 일에 나도 깜짝 놀랐다. 그 후 2년 동안 2천 명의 대학생과 그 친구들이 구독해준 덕분에 5만 달러 이상의 수입을 거둘 수 있었다. 단 100달러짜리 씨를 뿌렸더니 5만 달러가 되어 돌아온 것이다. 보상을 생각하지 않고 일하면 언제나 몇 배가 넘는 보상으로 돌아온다는 것을 다시 확인했다. 카네기는 그것을 '보상 증가의 법칙'과 연관하여 언급했었다.

"자연에는 '보상의 법칙'과 '보상 증가의 법칙'이 존재합니다. 농부가 한 알의 씨앗을 뿌리고 부지런히 땀을 흘리면 결실의 순간이 다가왔을 때 자연은 수십 배의 열매를 보답으로 제공합니다."

황금률과 자제력

내 사무실은 낡은 건물에 입주하고 있었는데 어느 날 나는 건물 관리인과 사소한 일로 오해가 생겼다. 그 오해로 말미암아 사이가 안 좋아졌다. 그런데 관리인의 이해할 수 없는 행동에 나는 간신히 분노를 억누르고 있었다. 그는 나를 골탕 먹이려고 했는지 가끔 전기의 스위치를 내려버리곤 했다. 그럴 때마다 나는 화가 머리끝까지 치밀어 올랐지만, 가까스로 참고 있었다.

그러던 어느 일요일이었다. 드디어 내게 그를 응징할 기회가 왔다. 나는 다음 날 할 예정인 강연의 원고를 다듬고 있었다. 그런데 또 불이 꺼졌다. '한두 번도 아니고 장난이 너무 심한걸. 이번에는 절대로 그냥 넘어가서는 안 되겠어' 나는 더는 참을 수 없어 건물 지하실로 쏜살같이 달려갔다. 지하실에 도착해보니 그는 아무 일도 없다는 듯이 콧노래를 부르면서 작업을 하고 있었다.

나는 그를 보자 미친 듯이 화를 내며 그에게 비난을 퍼부었다.

"이것 보시오. 당신이 이 건물의 관리인이면 관리인답게 행동하시오. 사적인 감정을 공적인 일에 개입해서 당신이 얻을 이익은 아무것도 없소. 밴댕이보다 더 작은 소갈딱지부터 고치시오. 나잇값이나 제대로 하란 말이오. 내가 사무실에서 일하고 있는 걸 뻔히 알면서 꼭 전기 스위치를 내려야겠소? 또 한 번 전기 스위치를 함부로 내리면 더는 관리인 자리를 보장받지 못할 거란 걸 분명히 경고합니다."

5분 동안 가슴속 말들을 쏟아내고 나자 더 할 말이 생각나지 않았다. 그제야 그는 몸을 일으켜 세우며 나를 보며 미소를 지으며 말했다.

"선생님. 오늘은 사정이 있어서 정전되는 날입니다. 그래서 전기를 공급할 수가 없습니다. 안내문을 모든 사무실에 보내드렸는데 선생님께선 바빠서 확인을 못 하신 모양이군요."

그는 부드럽고 차분한 목소리로 말했다. 순간 나는 뭔가에 등을 찔린 느낌이었다. 예상하지 못한 그의 태도에 나는 당황했다. 미소 띤 그의 얼굴을 보자 창피한 생각이 들었다. 나는 무슨 말을 해야 할지 몰랐다. 내가 먼저 건 싸움에서 무참히 패배했다는 사실을 내 양심은 알고 있었다.

심한 굴욕감을 느낀 나는 무거운 발길을 돌려 사무실로 돌아왔다. 사무실에서 무슨 일이 일어났는지 가만히 돌이켜봤다.

'도대체 무슨 일이 일어난 거지? 세상에, 고금의 철학과 성경을 공부한다며 자부하던 내가, 황금률을 설파하는 잡지의 대표인 내가 이렇게 무참하게 발가벗겨지다니! 수많은 강연에서 자제력이 중요하다고 그렇게 강조하지 않았던가!'

그때 사무실 책상 위에 서류 봉투 하나가 눈에 들어왔다. 나는 내용물을 꺼내 보았다. 거기에는 관리인이 말한 정전에 관한 안내문이 들어 있었다.

나는 나의 잘못에 대해 생각하기 시작했다. 그러다 내가 무엇을 해야 하는지 깨달았다. 나는 그에게 사과해야 하는 것이었다. 하지만 마음 한편에서는 그럴 수 없다고 말하기도 했다. 하지만 마음의 평화를 되찾고 스스로 떳떳해지기 위해서도 사과를 해야만 했다.

결심이 서자 다시 지하실로 내려갔다. 이번에는 아주 천천히 느리게 걸어갔다. 지하실에 도착하자 나는 노크를 했다.

"선생님, 이번에는 무슨 문제가 생기셨나요?"

이번에도 그는 부드러운 목소리로 물었다.

"아까 화를 내서 정말 죄송합니다. 제 무례를 용서해 주십시오."

나는 간신히 입을 열었다.

그러자 그는 이번에도 미소를 지으며 온화한 목소리로 말했다.

"용서라니요? 선생님은 굳이 사과하지 않으셔도 됩니다. 그 일에 대해서는 저와 선생님과 이 벽 외에는 아무도 모를 테니까요. 저는 절대 그 일을 입 밖에 꺼내지 않을 것입니다. 물론 선생님도 그러실 테지요. 이 벽도 마찬가지일 것이고요. 그러니 그 일은 결국 잊힐 것입니다. 저는 이미 잊었습니다."

그의 얘기는 나의 마음에 조용히 퍼져 나갔다. 그는 기꺼이 나를 용서했고 나를 위해주었다. 나는 그에게 악수를 청하고 화해했다.

"이렇게 제 사과를 받아주셔서 감사합니다. 오늘 제가 많이 배웠습니다."

"아닙니다. 선생님 같은 사회적 위치에 있는 분이 자기 행동에 대해 사과하려면 많은 용기가 필요한 법이죠. 그것으로 이미 선생님은 존경받을 만합니다."

나는 용기를 내어 그에게 사과하기를 잘했다는 생각에 마음이 한층 편안해졌다. 사무실로 돌아와 앉자 어릴 적 할아버지와 겪었던 하나의 일화가 떠올랐다.

내가 아주 꼬맹이던 시절 나는 할아버지와 함께 건초더미를 마차에 싣고 집으로 돌아오고 있었다. 얼마쯤 지났을까 길가에 어떤 남자가 서 있는 것이 보였다. 그는 우리를 세우더니 묻지도 않고 마차에 올라탔다.

"이보시오 영감, 좀 타고 갑시다."

그는 세련되고 고급스러운 옷차림을 하고 있었지만, 우리를 대하는 태도는 많이 거슬렸다. 행색이 초라한 우리를 무시하며 깔보고 있다는 것을 어린 나도 충분히 느낄 수 있었다. 가는 동안 그는 아무 말도 하지 않았다. 할아버지도 그에게 아무것도 묻지 않았다. 한참을 달려 할아버지 댁에 도착하자 그가 마차에서 내렸다. 말을 헛간으로 들여놓으려는 할아버지에게 그가 물었다.

"영감, 여기서 아파라치아로 가려면 얼마를 더 가면 되나?"

"마차로 왔던 길을 되돌아 걸어가는 것까지 치면 20마일은 걸릴 것이오."

사람을 대접받고 싶은 대로 대접하는 것이 얼마나 중요한지 어린 나의 가슴에 영원히 기록되는 순간이었다.

카네기는 자제력을 성공철학의 주요 명제로 말했었다. 나는 그와의 인터뷰 장면을 떠올렸다.

"자신을 잘 통제하지 못하는 사람은 어떠한 성공도 이룰 수 없습니다. 자제력은 생각을 잘 통제하는 것으로부터 시작됩니다. 인간의 마음은 이성과 감정으로 이뤄져 있습니다. 감정은 부정적 감정과 긍정적 감정으로 구성됩니다. 긍정적 감정은 사랑, 희망, 믿음, 감사, 열정 등이고 부정적 감정은 시기, 질투, 두려움, 분노, 탐욕 등입니다.

부정적 감정을 잘 다스리지 못하면 치명적 결과를 가져옵니다. 그것은 긍정적 감정도 마찬가지입니다. 너무 기뻐한다든지, 사랑의 감정을 주체하지 못할 때도 역효과를 부릅니다.

어떤 경우에도 이성으로 감정을 잘 조절할 줄 알아야 합니다. 물론 이것은 쉬운 일이 아닙니다. 그래서 훈련이 필요합니다. 자제력은 수학 공식처럼 암기한다고 가져지는 게 아닙니다."

나는 자제력을 수학 공식처럼 암기만 하고 있었을 뿐 그것을 현장에서 활용하는 데는 미숙했다. 성공철학도 마찬가지다. 그것을 단순히 아는데 그쳐서는 삶을 변화시킬 수 없다. 적극적으로 실천하고 생활에서 검증하는 과정을 거쳐야 내 것이 될 수 있다.

건물 관리인과의 일이 있고 난 뒤 내 삶에 많은 변화가 찾아왔다. 나는 성공으로 가는 길에 자제력과 황금률이 중요하다는 것을 다시 한 번느낄 수 있었다. 인격의 수양이 겸비되지 않으면 물질적 성공은 순식간에 무너질 수 있다는 것을 기억하고 성공철학에 그것을 어떻게 녹여낼지고민하고 연구했다.

마지막 프로젝트

〈나폴레온 힐 매거진〉이 계속 발간되는 동안 나는 수많은 강연과 교육활동을 진행했다. 그러다 그동안 강연했던 내용과 연구 자료를 하나로 집대성하여 교육 프로그램을 만들고 책으로 출간해야겠다고 생각했다. 그것은 카네기와 오래된 약속을 지키는 일이기도 했고 내 인생의 목표를 실현하는 마지막 프로젝트라고 생각했다.

그렇게 생각하게 된 계기가 있다. 때는 1923년 어느 화창한 봄날이었다. 나는 강연을 위해 피츠버그로 가는 기차에 몸을 실었다. 잡지사 일은 매달 책을 발행해야 했기에 매일 원고와의 전쟁이었다. 한 달을 마감하고 나면 곧바로 다음 달 원고를 정리해야 했다. 회사가 안정되고 전국적인 잡지로 자리 잡아 경제적으로 여유는 있었지만, 나만의 여유 시간이 늘 부족했다. 그날도 밤늦게까지 원고정리를 하느라 몹시 피곤했고 춘곤증이 몰려와 잠시 기차에서 눈을 붙이기로 했다. 그때 누군가 내 옆에 앉는 것이 느껴졌다. 중절모에 코트를 입은 사내는 나를 바라보며 직설적으로 물었다.

"당신의 명확한 목표는 무엇입니까?"

"내 목표는 성공철학을 완성하여 사람들에게 전파하는 것입니다."

"그렇다면 그 일에 집중하고 있습니까?"

"완전히는 아니지만 대체로 집중해 왔다고 볼 수 있습니다."

"당신은 최근에 집중력이 많이 떨어졌습니다. 이유가 뭐지요?"

"아무래도 잡지사 일이 많아져서 물리적으로 감당하기가 힘들어졌습니다."

"잡지사를 통해 얻는 경제적 이익과 안락한 생활에 점점 빠져들고 있지는 않나요? 그것이 성공철학을 완성하는 것과 무슨 관계가 있나요?"

"잡지사 일도 성공철학을 알리는 데 도움이 되고 많은 구독자에게 동기를 유발하고 있습니다."

"당신은 좀 전에 당신의 명확한 목표는 성공철학을 완성하여 전파하는 것이라고 했습니다. 본질에서 벗어나지 마세요. 마음속 미세한 차이가 현실에서는 거대한 결과의 차이를 만든다는 것을 기억하십시오. 만약 당신이 그 일을 게을리한다면 결국 다른 사람에게 그 사명이 옮겨간다는 것을 아시기 바랍니다. 이것이 하늘의 섭리입니다. 감당하지 못할 것 같으면 차라리 깨끗하게 포기하세요."

"그럴 수는 없습니다. 저는 20년 가까이 그 일에 몰두해 왔습니다. 이제 와 포기한다는 것은 있을 수 없는 일입니다."

"당신의 마음이 그렇다면 심장이 시키는 대로 하세요."

"알겠습니다. 그런데 당신은 누구신지요?"

"나는 당신 내면의 '진실한 자아'입니다."

나는 깜짝 놀라 눈을 떴다. 옆자리에는 아무도 없었다. 기차는 목적지를 향해 열심히 달리고 있었다.

강연을 마치고 돌아오면서 평생의 목표를 정하년 카네기와 약속의 시간을 되돌아보았다. 나는 점점 타성에 젖어들고 게을러지고 있었다. 초심으로 돌아가야 했다. 그래서 계속 잡지사를 운영하는 것은 현실적으로 불가능하다는 판단을 하고 잡지사를 직원들에게 물려주고 뉴욕에서 강연활동과 책 집필에만 전념하기로 했다.

뉴욕으로 온 뒤 나의 생활은 강연을 제외하고는 그동안 연구한 내용을 정리하고 체계화하는 단순 작업의 연속이었다. 카네기를 만나서 나눴던 얘기들과 포드와 에디슨, 에드윈 반즈 등 수많은 인물을 만나서 기록한 문서의 양은 실로 방대했다. 거기다 그동안 내가 발표했던 칼럼들도 체계적으로 분석하고 정리해야 했다. 예상했던 것보다 집필 기간이 늘어나는 것은 불 보듯 뻔했다. 하지만 필생의 작업을 마무리하는데 어떠한 주저함도 용납할 수 없었다. 원고 작업에 몰입하게 되면서는 강연 요청도 거절하고 날마다 원고와 씨름하는데 모든 마음과 힘을 쏟아부었다.

그런데 내가 잡지사를 나오고 나서 회사는 경영에 어려움을 겪었고, 회사에서는 내게 몇 번의 도움을 청했다. 나는 내가 만든 회사가 무너지는 것을 두고 볼 수 없어서 여러 차례 금전적 지원을 했지만 결국 문을 닫고 말았다. 나는 부채까지 떠안았지만, 원고 집필을 중단할 수는 없었다. 내 마음속 종소리는 '멈추지 말고 성공철학을 집필하는 데 집중하라'고 재촉했다. 나는 일단 책 집필에만 온 힘을 집중했다. 가족과 떨어져 지내며 외롭기도 하고 경제적으로 힘든 시기를 보내게 되었지만, 성공철학을 완성할 수 있다는 기대감에 행복할 수 있었다. 뉴욕에서 집필하던 때는 내가 자발적 가난을 택한 시기였다. 희망은 인간을 깨어있게 하고 어떠한 고통도 이겨낼 수 있는 용기를 준다. 나는 미래에 대한 걱정이나 근심 따위는 전혀 하지 않고 온전히 집필에만 몰입할 수 있었다.

그렇게 해서 마침내 원고를 완성하고 〈개인 성취의 과학(The science

of personal achievement)〉이라는 책의 출간을 준비했다. 이 책은 지난날 인터뷰한 500여 명의 성공자와 2만여 명의 인터뷰 내용, 분석자료 등을 기반으로 집필했기 때문에 나는 커다란 반향이 있을 것으로 기대했다.

나는 이 책에 나의 모든 것을 쏟아부었고, 내용의 충실도를 봤을 때 어떤 출판물과 비교해도 자신 있다고 생각했다. 문제는 출판에 필요한 투자자를 구하는 것이었다. 나는 20년을 공들인 출판물을 초라하게 세상에 내보이고 싶지 않았다. 그래서 전국적인 규모로 책을 유통할 대형 기획자를 찾고 있었다. 그러던 중 오하이오 캔톤시(市)에서 나에게 강연 요청이 들어왔다. 나는 원고를 완성한 뒤였기 때문에 책의 내용을 설파하고 청중의 반응을 살펴보리라 마음먹었다. 한편 행사장에 인파가 너무 많이 몰리면 강연 내용 전달에 문제가 생기지 않을까 하는 걱정도 했다.

그런데 그날 근처에서 두 개의 대형 행사가 동시에 열리게 돼 있었다. 사람들은 다른 행사에 참여하느라 내 강연에는 참석이 저조했다. 모두 13명 밖에 오지 않은 것이다. 당연히 수백 명이 참석할 것으로 기대했던 나는 크게 실망했다.

하지만 항상 자발적으로 더 잘 일한다는 철학으로 행동했던 나는 그날도 최선을 다하기로 마음먹었다. 단 한 명이 있더라도 그 사람을 위해서 온 마음을 다하리라 생각했다. 나는 강당에 수백 명이 앉아 있다고 상상하며 최선을 다해 강의했다.

강연이 끝났을 때 나는 청중들과 개인적으로 인사하고 싶지 않았다. 너무나 적은 청중이 왔기 때문에 나는 거기서 다른 기대를 하지 않았다. 그래서 강연 후 다른 일정을 갖지 않고 곧바로 호텔로 돌아와 버렸다.

기적을 만드는 사람 **나폴레온 힐**

심란한 마음에 일찍 잠자리에 들었지만 잠이 오지 않았다. 눈을 감고 생각했다. '보기 좋게 실패하고 말았군.'

완벽하게 실패했다고 생각했는데 사실은 그게 아니었다. 다음 날 내 강연을 들은 청중 가운데 한 사람이 나를 찾아왔다. 그는 캔톤의 데일리 뉴스를 발행하는 멜럿 사장이었다. 그는 어제 강의를 잘 들었다며 내게 충분한 시간을 가지고 얘기를 나눌 수 있는지 물었다. 나는 그러자고 했고 오후 내내 대화를 나누었다.

"실례지만 그동안 살아왔던 인생 얘기를 들어보고 싶군요. 성공 얘기도 좋지만 실패했던 이야기나 아쉬웠던 이야기도 좋습니다. 너무 빛났던 얘기만 하는 것은 사양합니다."

나는 그에게 솔직하게 그동안 살아온 이야기를 했다.

"강연에서도 말했듯이 나는 인간의 성공과 실패의 원리를 연구하여 하나의 철학으로 집대성한다는 목표로 살아왔습니다. 그것은 한 사람과 만남에서 비롯되었습니다. 내가 햇병아리 기자이던 시절 나는 앤드루 카네기로부터 성공철학을 집대성해보라는 제안을 받았습니다."

나는 카네기의 권유로 성공철학을 집필하기 위해 뛰어든 얘기부터 사업에 성공하고 실패했던 일들, 밝았던 일과 어두웠던 일까지 모두 소상하게 얘기했다. 특히 성공철학을 집필하기 위해 인터뷰하며 자료를 검토하고 분석한 과정도 자세하게 설명했다.

"그 과정이 비록 힘들고 어려웠지만 올바른 선택이었다고 믿습니다."

내가 이야기를 모두 마치자 그는 내게 물었다.

"개인적인 질문 하나 드려도 될까요? 그렇게 오랜 기간 성공철학을 체계화한 대가로 지금 모아놓은 돈이 좀 있습니까?"

"지금 모아놓은 돈은 없습니다. 제가 가진 재산은 연구를 통해 얻은 경험과 지식이 전부입니다. 거기에 더해 약간의 빚이 있을 뿐입니다. 성공철학을 연구하느라 몰두했으니 돈 벌 기회를 놓치고 말았습니다. 가족과도 떨어져 지냈고 제대로 돌보지도 못했죠."

내 얘기를 듣더니 맬럿은 환하게 웃으며 말했다.

"그럴 줄 알았습니다. 예상했던 답변입니다. 당신뿐만 아니라 세상의 많은 훌륭한 철학자와 사상가들이 궁핍을 견디며 훌륭한 업적을 이뤘다는 사실을 아실 겁니다. 지금은 힘드실지 모르지만 언젠가는 그에 대한 충분한 보상을 받으실 겁니다."

나는 그의 말이 놀랍기도 하고 당황스럽기도 했다. 전날 강연이 실패로 돌아가 실의에 빠져 있었기 때문이다. 무심결에 나는 그에게 내 속마음을 말하고 말았다.

"글쎄요. 저는 사실 어떤 의미에서는 실패했다고 볼 수 있지요. 황금률 철학을 집대성하여 성공원리를 책으로 완성했다고 생각했는데 아시다시피 어제의 결과는 부끄러운 수준이었습니다. 그동안 20년 가까운 세월이 덧없게 느껴지고 무의미한 일에 인생을 허비한 것은 아닌지 의심을 하고 있었답니다."

"뭐라고요? 실패했다고요? 그렇지 않아요. 어떤 사람에게 희망을 심어주고 용기를 북돋워 주어 다시 일어날 힘을 주는 사람은 결코 패배자가아닙니다."

나는 비로소 그의 방문 목적을 알 수 있었다. 사실 나는 그가 어제 강연에 대해 비판 기사를 쓰기 위해 온 것이 아닌가 의심하고 있던 차였다.

"괜찮으시다면 저와 비즈니스 파트너가 돼 주실 수 있겠습니까? 제가

기적을 만드는 사람 **나폴레온 힐**

캔톤 비즈니스 데일리 발행인을 그만두고 선생님의 책을 홍보하고 강연 사업을 하는 파트너가 되고 싶습니다."

"그렇게 해주신다면 기쁘고 감사한 일이라 생각합니다."

"그러면 당분간은 캔톤 비즈니스 데일리에 선생님의 칼럼을 연재해 주십시오. 매니지먼트 준비를 마치는 대로 신문사를 정리하고 성공철학 보급에만 전념하겠습니다."

나는 그의 제안을 받아들였고 우리는 희망의 악수를 나눴다.

캔톤 비즈니스 데일리의 첫 칼럼은 '실패로부터의 교훈'이었다. 그런데 세계 최대의 기업 US철강의 회장인 엘버트 게리가 그 칼럼을 읽고 나에게 관심을 가졌다. 그는 직원들에게 내 성공철학 강좌를 듣게 하고 싶다고 했다. 그리고 책의 출판과 홍보에 필요한 모든 비용을 자신이 대겠다고 했다. 본격적으로 성공철학을 대중화하기 위한 여정이 시작되고 있었다.

8장

'성공의 법칙' 출간

'성공의 법칙' 완성하다

맬럿과의 계획은 엉뚱한 곳에서 암초를 만났다. 1926년 7월 맬럿이 암흑가 인물과 결탁한 경찰의 고용인에게 살해되고 만 것이다. 거기다 사업을 후원하기로 한 US철강의 게리 역시 병으로 사망하고 말았다. 이 로써 성공철학을 출간하여 전파한다는 나의 원대한 계획도 무산됐다.

사건의 개요는 이랬다. 한 해 전 1925년 맬럿은 캔톤의 경찰 내부에 만연해 있는 부정부패 추방을 요구하는 사설을 자신의 신문에 게재했 다. 나 역시 오하이오 주지사에게 부패조사를 강력하게 요구했었다. 또 한, 맬럿과 나는 탐정과 조사원의 도움을 받아 캔톤시 사람들의 소비와 경제생활 패턴에 대해 광범위한 조사를 하다가 우연히 캔톤시 경찰관과 밀주업자 및 폭력조직의 유착 관계를 알게 됐다. 이것이 그들에게 나에 대해서 충분한 오해를 불러일으켰다. 압박을 느낀 부패 경찰은 맬럿을 암살하기 위해 사람을 고용했고, 그에 의해 맬럿은 집 앞에서 총을 맞고 쓰러졌다. 그들의 표적은 나로 이동했다.

맬럿이 죽은 다음 날 한 통의 전화가 내게 걸려왔다. 전화의 주인공은 사전 설명도 없이 자기가 할 말만 했다.

"나폴레온 선생, 위험합니다. 지금 당장 캔톤을 떠나십시오. 조금도 지 체해서는 안 됩니다."

말을 마치자 상대는 전화를 끊었다. 나는 잠시도 주저하지 않고 원고와 간단한 짐만 챙겨서 바로 캔톤을 떠났다. 그들은 내가 맬럿과 협의하여 자신들을 압박한다고 생각한 듯했다. 나는 여러 시간을 이동하여 웨스트버지니아에 있는 친척 집에 몸을 숨겼다.

나중에 알게 됐는데 맬럿이 죽던 날 나를 죽이기 위해서 한 사람이 내 집 앞에서 나를 기다리고 있었다고 한다. 그런데 그날 내가 퇴근을 하고 집으로 향하던 중 접촉사고가 나는 바람에 차를 수리하느라 시간을 허비했다. 덕분에 나는 그와 마주치지 못했고 다행히 목숨을 건질 수 있었다. 나는 그것이 보이지 않는 손길의 보살핌이라 여겼다. 그런데 은신 중에는 거기까지 생각이 미치지 못했다.

친척 집에서는 매일 긴장된 생활이 계속됐다. 나는 집 밖엔 절대 나가지 않았고 주머니에는 항상 권총을 휴대하고 있었다. 집 앞에 낯선 차가 멈추기라도 하면 나는 다락방으로 올라가 작은 창문으로 밖을 내다보며 차를 주시했다. 나를 암살하기 위한 차가 아니라는 것을 확인한 후에야 다른 일을 할 수 있었다. 잠자리에 들어서도 권총을 베게 밑에 숨겨 두었다. 모든 신경이 그쪽으로 쏠려 있다 보니 다른 일을 할 수가 없었다. 나는 오로지 누가 나를 죽이러 오는 것은 아닌지 하는 일에만 신경 쓰고 있었다.

어느 날은 집배원을 위장한 갱단원으로 오해해 그를 향해 총구를 겨누기도 했고, 식구들이 모두 집을 비우고 혼자 남았을 때는 발작에 가까운 불안 증세를 보이기도 했다. 밥을 먹다가도 차 소리가 나면 재빨리 권총에 손이 갔고, 먹는 걸 멈추고 이 층으로 달려갔다.

이런 생활이 몇 달 계속되자 신경이 극도로 날카로워지고 정상적인 생활을 할 수 없는 지경에 이르렀다. 나는 완전 딴사람이 되고 있었다. 잠도 제대로 자지 못했고, 사람을 의심하기 시작했으며, 극도의 불안감에 안절부절못했다.

끝을 알 수 없는 두려움이 내 심장을 조여오기 시작했다. 나는 점점 어두운 수렁으로 빠져들고 있었다. 나는 살면서 가장 무서운 공포에 직면했다. 나는 매일 걱정하는 일 외에는 하는 것이 없었다. 나의 이성은 완전히 마비되어 기능을 상실했다.

나는 심신이 점점 피폐해져 그 전에 나를 알던 사람은 도저히 알아볼 수 없는 몰골이 되었다. 상황도 힘들었지만 나를 더욱 힘들게 한 것은 내가 미국 전역을 돌며 수많은 사람에게 성공철학을 강의하며 그들에게 용기와 자신감을 가지라고 설파했다는 점이었다.

하지만 공포와 두려움의 상황에서 나는 완전히 자신감을 잃어버리고 수많은 실패자와 똑같은 모습으로 주저앉아 있었다. 나는 사람들에게 큰소리치던 내 모습에 부끄러움을 느꼈다. 나는 또 한 사람의 실패자일 뿐이라고 스스로 조롱했다.

얼마 후 맬럿을 살해한 범인들이 잡혔다는 소식을 들었다. 그들은 모두 4명이었는데 한 명은 전직 경찰이었다. 그들은 자신의 행위에 대한 대가로 종신형을 받아 오하이오 교도소에 수감되었다. 그제야 나는 자유롭게 돌아다닐 수 있게 되었다. 하지만 진취적 기상을 이미 잃어버린 나는 밝은 태양 아래 서기가 두려웠다. 아무도 위협하는 사람이 없는데도 주저하며 숨어 지내고 있었다.

급기야 나에게 도움을 베풀어 준 친척들에게까지 화를 내고 신경질을 부렸다. 나는 완전히 이성과 감정이 제 기능을 잃어버린 것이다. 그렇게 몇 달이 더 지나자 나 자신도 더는 견딜 수 없었다.

'이렇게는 안 돼. 반드시 돌파구를 찾아야 해!'

어느 날 밤, 나는 무작정 집을 나섰다. 이 생활을 지속하다가는 완전히 미치게 될 수도 있겠다는 생각이 들었다. 어두운 동굴에서 나의 힘으로 꼭 출구를 찾아야 한다는 절박감에 집 밖으로 발걸음을 옮겼다. 얼마 만에 바깥 공기를 마시는지도 기억나지 않았다. 우선은 밖을 거닐며 생각을 정리해 볼 요량이었다. 찬 공기만 막을 수 있게 가벼운 옷차림으로 성당을 향해 걸었다. 갑자기 내 행색이 너무 이상하지 않나 하는 생각이 들었다. 오랫동안 면도를 하지 않아 수염이 덥수룩하게 자랐고 몸은 비쩍 말랐으며 모자를 푹 눌러 쓰고 있었으니 누가 봐도 정상적인 모습은 아니었으리라.

하지만 캄캄한 밤이라 내 몰골을 보고 이상하게 생각할 사람은 없을 거라 생각했다. 늦은 시간이라 지나가는 사람도 없었다. 나는 마을 옆 언덕에 서 있는 오래된 성당 건물을 향해 걸었다. 다락방에서 보면 성당 건물 전체가 보였는데 나는 한 번씩 성당의 종소리가 울릴 때마다 육신의 안식과 마음의 평화를 기원하곤 했다. 성당으로 가는 길은 길옆에 큰 나무가 우거져 더 어둠침침했다. '오늘 밤이 지나기 전에 무슨 일이 있어도 이 문제를 해결해야 해!' 나는 마음속으로 계속 되뇌며 걸었다.

성당은 본당과 부속건물, 정원을 합쳐 꽤 큰 규모였는데 성당을 둘러싸고 산책길이 만들어져있었다. 나는 천천히 성당 건물을 둘러싼 길을 따라 걸었다. 계속 걸으며 나에게 말했다. '모든 문제에는 반드시 해결책이 있어. 오늘 밤 안으로 반드시 문제를 해결하고 말겠어!' 되뇌는 속도에 맞추어 발걸음도 빨라졌다. 얼마나 성당을 맴돌았는지 알 수 없었다. 오직 하나의 생각밖에 없었으므로 그 광경을 누군가 봤다면 아마 미친 사람이 혼잣말을 중얼거리며 성당을 맴돌고 있다고 생각했을 것이다. 그렇게 몇 시간을 하나의 생각에 집중하자 어느새 마음속에서 두려움과 공포가 사라지고 없다는 것이 느껴졌다. 그러다 하나의 생각이 들면서 소스라치게 놀랐다.

'범인이 모두 구속됐기 때문에 이미 문제는 해결되었어. 나는 지금껏 존재하지 않는 문제에 매달려 헤매고 있었구나. 문제의 원인은 마음에 있었어. 공포는 내 마음이 만들어 낸 것에 불과해.'

그 순간 문득 내 몸속의 피가 거세게 역류하듯 휘몰아치는 느낌이 들었다. 2만 5천 달러를 반송하라는 목소리가 들렸던 날과 비슷한 느낌이었는데 훨씬 더 강력했다. 그러면서 마음속에서 하나의 음성이 들렸다.

"두려워 말고 겁내지 마라. 지금 너는 커다란 시험을 통과하고 있다. 너를 지치게 하고 모욕감을 느끼게 하고 엄청난 시련에 빠뜨린 것은 네가 '진실한 자아'를 찾을 수 있도록 하기 위함이었다. 슬픔이 영원하리라 생각하지 마라. 바람이 불다가도 그치나니 슬픔도 구름처럼 사라지고 만다. 불행은 잠깐 동안의 체험이며 스스로 만든 환영(幻影)에 불과하다."

나는 꼼짝하지 않고 내면의 목소리에 귀 기울였다. 차가운 바람이 귓가를 스치며 지나갔다.

"그동안 너는 말을 듣지 않는 고집불통의 수도자(修道者)였다. 너는 금방 도착할 수 있는 길을 멀리 돌아서 여기까지 왔다. 대가를 치르지 않고 얻을 수 있는 것은 이 세상에 아무것도 없다. 이제 카네기와 약속한 성공철학을 완성할 시간이 다가왔다. 너는 두려움과 공포를 극복하여 너의 마음을 되찾았다. 행복은 멀리 있는 것이 아니라 참된 마음을 굳게 지키는 데 있다. 이제는 사람들에게 당당하게 성공철학을 선포해도 좋다."

나는 나의 이성과 감정이 제자리를 찾아 제대로 작동하고 있음을 알아차렸다. 나는 내 안에서 감사와 평화가 넘치는 것을 느낄 수 있었다. 나의 성공철학은 마지막 시험과정을 거치고 있었다. 이론이 아닌, 적용 가능한 실제적인 철학으로 만드는 과정을 막 통과한 것이다.

캄캄하던 밤하늘에 구름이 걷히고 보름달이 제 모습을 비추고 있었다. 온 세상이 밝은 달빛으로 차올랐다. 나는 달을 향해 두 손을 모았다. 지난 일 년간의 고난을 떠올리며 그렇게 한동안 서 있었다. 그런 다음 집을 향해 발걸음을 옮기는 순간 하나의 생각이 떠올랐다.

'그래, 이제 더는 시간을 지체할 수 없어. 반드시 성공철학을 출간해야 해.'

하지만 나에겐 출간비용은커녕 당장 차에 넣을 기름값도 없었다. 하지만 '진실한 자아'와 함께 한다면 어떤 어려움도 극복할 수 있으리라 생각했다. 아무리 극한의 상황일지라도 방법을 찾으면 길이 열리리라 믿었다. 자신감과 확신을 회복하자 빠르게 마음이 안정되고 이성과 감정이 최적화됐다. 집으로 돌아올 때 공기는 맑고 상쾌했다. 나는 방으로 돌아와 침대에 누워 오랜만에 편안한 잠을 잤다.

다음 날 아침 샤워를 하고 면도도 했다. 창문을 열고 집 청소와 밀린 빨래를 했다. 청소하면서 '내가 왜 그동안 청소와 빨래를 하지 않았지? 내가 청소와 빨래만 게을리하지 않았어도 이 지경에 처하지는 않았을 텐데' 하며 기본을 놓치고 있던 나 자신을 한탄했다. 사람은 극한의 어려움에 빠지면 자기관리를 잘하던 사람도 기본을 놓치고 폐인이 되는 경우를 볼 수 있는데 나 역시 같은 실수를 범하고 있었다.

집안 정리가 어느 정도 끝나자 커피를 마시며 원고를 검토했다. 〈개인 성취의 과학〉에서 부족했거나 빠트렸던 부분이 눈에 들어왔다. 구성 순서도 손을 봐야 했다. 나는 오랜만에 완전히 원고에 몰입해서 종일 작업을 진행했다. 다음 날 새벽 원고정리를 마무리하고 책을 출간하기 위해 누구를 만나 무엇을 할지 생각에 잠겼다. 머릿속에 '필라델피아'가 떠올랐다. 나는 눈을 감고 심호흡을 하며 필라델피아로 가는 것이 정말 맞는지 생각해봤다. 이번에는 마음의 소리를 따라가 보자 마음먹었다. 나는 마음을 비우고 '진실한 자아'가 이끄는 대로 내맡겨볼 요량이었다. 나는 행동의 주체였지만 한편으론 상황을 바라보는 관찰자가 되었다. '진실한 자아'는 암살자로부터 나를 지켜준 '보이지 않는 손길'이기도 했다.

책을 출간해야 하는 절박한 순간이었지만 나는 하나의 실험을 동시에 진행하기로 했다. 그것은 일명 '내맡기기 실험'이었다. 부정적인 마음에서 벗어난 상태에서 '진실한 자아'가 이끄는 대로 차분하게 따라가 보자고 생각했다.

아침이 되자 나는 필라델피아로 가기 위해 원고와 짐을 챙겼다. '하지만 필라델피아 어디로 간단 말인가? 돈도 없고 무작정 거기에 간다고 출판할 사람을 만난다는 보장도 없는데…' 그런 생각이 들었다. 그러자 반대의 목소리가 들렸다. '그것을 걱정할 필요는 없어. 여기서는 문제를 해결할 수 없어. 나는 즉시 여기를 떠나야만 해.'

나는 즉시 행동으로 옮기기로 하고 처남에게 여비를 부탁했다.

기적을 만드는 사람 **나폴레온 힐**

"필라델피아로 갈까 하는데 여비를 좀 빌려주게."

"필라델리피아를 가신다고요? 얼마나 머무르시게요?"

"사나흘 걸릴 것 같군."

"그러면 80달러면 될까요?"

"그 정도까지는 아니고 50달러면 충분할 것 같네."

"좋아요. 잘 다녀오세요."

처남은 계획이나 목적 같은 건 물어보지도 않고 돈을 빌려주었다. 아마도 집에만 틀어박혀 폐인처럼 지내던 내가 집안을 정리하고 말끔한 모습으로 외부 출장을 간다니 그것만으로도 좋은 일이라 여기는 것 같았다. 나는 다행이라 생각하며 차에 탔다.

종일 운전을 해 필라델피아에 도착하자 나는 투숙할 호텔을 찾았다. 가진 돈이 많지 않았으므로 하루에 2달러 하는 싸구려 호텔이 적당하다는 생각을 했다. 하지만 너무 싸구려 호텔을 얻는다면 출판업자를 만나기에 문제가 있을 거라는 생각이 들었다. 골든룰 매거진을 창간할 때 새로운 복장으로 자신감을 회복하고 큰 거래를 성사시켰던 옛일이 생각났다.

'나는 지금 자존감을 지키고 열정을 회복할 환경이 필요해. 돈 걱정을 할 때가 아니야. 최고급 호텔의 스위트 룸을 빌려야겠어'

나는 최고급 호텔을 찾아갔다. 객실 안내원이 나에게 묵례를 하며 엘리베이터로 안내했다. 그런 대접은 오랜만에 받아본 것이었다. 내면의 열등감이 사라지고 주눅 들어있던 내 안의 거인이 원래 힘을 되찾는 듯했다. 나는 팁으로 25센트만 주었어도 충분했지만, 객실 안내원에게 1달러를 주었다. 나는 주말까지 있으면 호텔비가 얼마나 나올지 계산해봤다.

하지만 이내 지금은 그런 것을 걱정할 때가 아니라는 것을 느꼈다. 나에게 필요한 것은 성공철학을 출간할 적당한 사람을 만나 그것을 결정짓는 것이었다. 나는 탁자를 바라보며 혼자서 말했다.

"지금은 그런 걱정을 할 필요가 없어. 내 한계는 오직 스스로 만든 것에 불과해. 자신감을 가지고 행동하자."

객실 안내원이 나가자 짐을 풀고 의자에 앉아서 나는 내가 왜 1년간이나 피폐해진 정신 속에서 살아야 했는지 되짚어보았다.

'인간의 마음속에는 두 개의 자아가 있다. 하나는 두려움과 불안에 반응하고 또 다른 하나는 신념과 긍정에 반응한다. 다행히 지금 나는 신념으로 가득 찬 마음이 차지하고 있다. 지난 1년간 두려움과 불안이 내 마음을 지배했기 때문에 나는 노예 같은 생활을 한 것이다. 이 신념의 존재가 '진실한 자아'이며 그는 두려움과 한계를 모르며 불가능을 인정하지도 않는다. 그러나 나의 마음이 위축되고 실체 없는 불안에 걱정과 근심을 반복한다면 또다시 옛날로 돌아갈 수도 있다. 지금은 좋은 환경에서 편안하게 생활하고 고급 호텔을 선택해 부정적인 자아로부터 나를 보호할 필요가 있다. 하지만 두려움을 느끼는 자아는 언제든지 나를 다시 장악하기 위해 호시탐탐 기회를 노리고 있다. 설사 그렇다 하더라도 깨어있는 병사가 성을 지키듯 나의 마음을 단단히 지키면 그것은 내 마음을 침범하지 못할 것이다.'

나는 그동안 부정적 자아가 내 잠재의식에 주인으로 자리 잡도록 내버려 둔 것이 나의 가장 큰 잘못이라는 것을 깨달았다. 나는 수많은 강연에서 신념과 열정, 확신을 말했지만, 어느 순간 두려움에 빠지자 두려움과 불안이 마음속에 주인으로 자리 잡았고, 그렇게 되자 나의 열정과 신념도 사라져버렸던 것이다.

　나는 지난 1년을 되돌아보면서 무엇이 문제였는지 확실하게 알 수 있었다. 성공의 원리를 이론적으로는 알고 있었지만, 감정과 이성을 완벽하게 조율하는 단계에까지는 이르지 못했던 것이다.

　'내 마음속 신념의 존재가 진실한 자아다. 진실한 자아는 언제나 가장 간절하면서도 확고한 요청에만 응답한다. 불신과 의심은 가장 큰 성공의 장애물이다. 우선 성공철학을 책으로 출간할 나의 오랜 열망을 실현하도록 도와줄 사람을 찾아야 한다. 마음속에 들어오려는 근심과 걱정을 떨쳐버리자. 그것들은 나의 마음을 갉아먹는 악마와 같다. 마음속에 어떠한 한계도 짓지 말자. 도전하는 곳에는 항상 신이 함께하신다.'

　생각을 마치자 나는 고개를 들어 거울을 보았다. 거기에는 신념과 열의에 찬 한 사내가 있었다. 나는 며칠 전과는 확실히 다른 존재가 되어 있었다. 내 마음속에 들어있는 용기와 신념은 확실히 내가 그동안 경험했던 감정과는 다른, 처음 느껴보는 것이었다. 죽음의 공포로 피폐해졌던 시간은 검은 물 밑 같아 어둡고 숨 막혔다. 그러나 바닥을 차고 수면 위로 떠오른 그 순간 눈에는 햇빛이, 가슴에는 신선한 공기가 가득 찬 느낌이었다.

　'그래, 출판에 필요한 돈은 분명히 구하게 되어있어!'

　나는 출판을 도와줄 사람을 생각하기 시작했다. 내가 알던 모든 사람을 총동원했다. 300명이 넘는 사람들을 차례대로 떠올려보고 나니 내 인내도 한계에 도달했다. 도무지 적당한 인물을 찾을 수가 없었다. 나는 잠자는 시간을 제외하고 이틀 밤낮으로 사람을 찾았다. 적당하다고 생각한 몇 사람에게 연락을 해보기도 했지만, 그들은 모두 거절했다. 더는 방법이 생각나지 않았다. 그러다 의자에서 깜빡 잠이 들었다. 그런데 '펑' 소리가 나면서 한 사람의 이름이 떠올랐다. 그는 코네티컷주(州) 메리던시(市)에서 회사를 운영하던 루이스 펠턴이라는 사람이었다. 나는 즉시 펠턴에게 편지를 써서 출판 계획에 관한 내용을 보냈다. 편지를 받은 펠턴은 나를 만나러 오겠다는 전보를 보냈다.

이틀 뒤 펠턴이 오자 호텔 직원은 그를 스위트 룸으로 안내했다. 그는 스위트 룸을 보면서 신뢰를 느끼며 안도하는 것 같았다. 이런 곳에 머무르는 사람이라면 확실하겠다고 느끼는 표정을 지었다. 나는 원고를 보여주며 내 생각을 설명했다.

"이 책은 인간의 성공과 실패의 원리를 집대성한 성공철학의 백과사전과 같은 책이라고 할 수 있습니다. 비록 육체노동을 하며 겨우 하루 입에 풀칠하는 사람일지라도 성공철학에 눈뜨게 되면 카네기나 록펠러 같은 부자가 될 수 있습니다."

"말씀을 듣다 보니 생각나는 게 있습니다. 제가 과거에 〈의지의 힘〉이라는 책을 출간한 적이 있는데 그때 '골든룰 매거진'에 광고를 한 적이 있습니다. 잡지에 실렸던 성공 관련 칼럼과 기사도 인상적이었습니다."

그는 친근한 웃음을 지으며 커피를 한 모금 마셨고, 이내 원고에 눈길을 돌렸다. 1,800페이지에 무게가 3kg이나 나가는 원고를 찬찬히 살피던 그는 창밖을 바라보다 이렇게 말했다.

"이 원고를 책으로 출판하겠습니다. 그리고 원하는 인세를 드리겠습니다."

곧바로 객실 안내원에게 타자기를 가져오게 하고 계약서를 작성하기 시작했다.

"인세는 선불로 원하십니까? 필요하시면 즉시 수표를 끊어드리겠습니다."

나는 정말 돈이 간절한 상황이었지만 태연하게 말했다.

"상관없습니다. 편하신 대로 하십시오."

"500달러면 되겠습니까?"

"네, 그렇게 하지요."

펠턴은 즉시 내게 수표를 건넸다. 신념으로 가득 찬 마음이 물리적 영역을 뛰어넘어 사람과 환경에 어떤 영향을 끼치는지 위력을 확인하는 순간이었다. 모든 고통에는 그에 상응하는 열매가 있는 법이다. 그로부터 석 달 뒤 8권으로 된 〈성공의 법칙(The Law of Success)〉이 출간되었다. 이 책은 내가 성공철학자로 자리매김하는 데 가장 큰 영향을 끼친 책이다.

나는 책에 20여 년간 연구했던 대표적인 성공자 500여 명 가운데 일부의 명단을 실었다. 거기에는 미국뿐만 아니라 전 세계적으로 유명한 사람들의 이름이 적혀 있었다. 헨리 포드, 토머스 에디슨, 존 록펠러, 찰스 슈왑, 우드로 윌슨, 앤드루 카네기, 시어도어 루스벨트, 그레이엄 벨 등.

경제 대공황의 습격

　책이 출간되고 폭발적인 판매로 수많은 강연과 컨설팅으로 바쁜 나날을 보내게 됐다. 돈이 홍수 밀리듯 들어오는 것은 그때 처음 경험했다. 내가 돈이 들어올 거라고 확신하는 순간 돈은 이미 내 손에 들어와 있었다. 나는 갑자기 큰 부자가 되었다. 오랫동안 가난에 허덕이던 나는 갑자기 돈이 들어오자 그동안의 고생을 보상받기 위해 큰 차와 큰 집을 갖고 싶었다.

　1929년 나는 큰 맨션을 짓고, 오랫동안 헤어져 살던 가족들을 불러서 함께 살았다. 나는 70만 평의 땅을 매입하여 성공학교를 만들고자 했다. 그리고 나의 유명세에 맞게 롤스로이스를 타야 하지 않을까 생각했다. 나는 롤스로이스를 두 대 샀고 뉴욕 북부의 캐스빌 마운틴에 별장까지 얻어 화려한 삶을 만끽했다. 별장 관리인도 따로 고용했다.

　그리고 유명 재벌을 초대해 화려한 파티도 열었다. 한 번은 150명을 예상하고 시작한 파티에 3,000명이 몰리는 바람에 근처의 교통이 마비되는 일이 벌어지기도 했다. 별장 내에 클럽 하우스도 운영했다. 그곳도 항상 만원이었다. 내 집에서는 거의 매일 파티가 열렸다. 어떤 날은 내 방에 갔더니 모르는 사람 둘이 내 침대에서 쓰려져 자고 있었다. 그 모습을 보면서 나는 이 생활을 더 해서는 안 되겠다는 생각을 했다.

그날 밤 홀로 생각을 하다 빛바랜 기억 하나가 생각이 났다. 어릴 적 탄광에서 일할 때 일이었다. 내가 일당으로 받은 돈으로 복권을 산 일이 있었다. 탄광 입구에 우리 같이 하루 벌어 하루 사는 사람들에게 희망을 포기하지 말라며 달콤한 유혹을 하는 복권가게가 있었다. 다른 아저씨들이 많이 사는 걸 봤지만 25센트는 내게 큰돈이었기 때문에 그냥 지나치기만 할 뿐 구매하지는 않았었다. 만약 당첨되지 않는다면 25센트를 길에 버린 것이 되기 때문이다. 그런데 그날은 혹시나 하는 마음에 구매했다. 복권을 살 때는 내가 부자가 된 것 같은 기분이 들었다.

놀랍게도 나는 첫 복권에서 당첨됐다. 그것도 최고급 말 한 필은 살 수 있는 돈이었다. 말은 당시 미국 농가에서는 대단한 역할을 하는 귀한 재산이었다. 나는 말을 사서 집으로 끌고 갔다. 의기양양하게 식구들에게 말을 보여주며 마구간으로 향했다.

나는 마구간에 말을 매어두고 마른 풀과 옥수수를 배불리 먹였다. 흐뭇한 마음으로 잠자리에 들었는데 밤중에 말이 목이 말라 강가로 뛰쳐나갔고 물을 너무 많이 먹었는지 몸이 퉁퉁 부었다. 결국, 얼마 못 가 말은 죽고 말았다. 말을 옮기고 땅에 묻는데 5달러가 들었다. 배보다 배꼽이 더 큰 일이 벌어진 것이다. 시간이 지나면서 나는 그 일이 생각나곤 했는데 말의 죽음으로 끝난 게 다행이라고 생각했다. 왜냐하면, 만약 말이 죽지 않았다면 나는 계속해서 복권을 사게 됐을 것이고 도박에 빠졌을 것이 틀림없기 때문이다. 그때 일을 기억해내곤 별장의 문을 내 손으로 닫기로 마음먹었다.

얼마 후 미국은 경제 대공황에 휩싸였다. 한 번도 경험하지 못한 거대한 허리케인이 미국 사회에 불어 닥치고 있었다. 그것의 정체를 알고 있는 사람은 없는 듯했다. 내가 알던 재력가들이 하나둘 사라져 갔다. 부동산에 크게 투자했던 나의 친구는 자살했다.

신문에는 유명인들의 자살 소식이 연이어 보도됐다. 영원히 부자로 남을 것 같던 사람들이 순식간에 땅으로 곤두박질쳐 사라져버렸다. 나는 캐스빌 마운틴에 있던 별장과 사유지 70만 평을 잃었고 내 주거래 은행이던 해리먼국립은행도 파산하는 바람에 완전히 무일푼이 되고 말았다.

나는 정신을 차리고 주위를 둘러보았다. '도대체 무슨 일이 생긴 거지? 이 혼란한 상황의 정체는 무엇일까?' 나는 조용히 생각에 잠겼다. 나는 실패에는 그에 상응하는 성공이 씨앗이 있다고 역설해왔다. '이 거대한 경제적 허리케인의 정체는 뭘까? 거기에는 어떤 성공의 씨앗이 들어있을까?'

사람들은 알 수 없는 적과 싸우고 있는 것처럼 보였다. 하지만 경제 대공황이라는 거대한 역경을 통해 사람들은 내면의 힘에 대해 눈뜰 기회를 얻게 됐다. 평상시에 사람들은 연줄이나 인맥, 학벌, 자본 등 눈에 보이고 인식할 수 있는 것들에 의지하기 마련이다.

하지만 대공황과 같은 상황이 되자 더는 그것들도 힘이 되지 못했다. 지혜로운 사람들은 비로소 내적 자아, 즉 사고의 힘에 의지하여 그 문제를 풀어가려고 했다. 이 고난을 돌파하고 나면 더 지혜로워지고 마음의 역량이 도약하게 될 것이 분명했다. 나는 사람들이 그것을 알도록 도울 일을 찾았다.

나의 일은 두 가지 방향에서 진행됐다. 하나는 백악관에 들어가 루스벨트 대통령의 비서관 역할을 하며 정책적인 도움을 주는 것이고 다른 하나는 〈성공의 법칙〉을 대신할 간단하고 읽기 쉬운 대중서를 개발해 널리 전파하는 것이었다. 이 일을 통해 나는 사람들이 성공은 외부의 힘이나 환경보다는 내부의 힘, 마음의 상태에 좌우된다는 것을 알게 해주고 싶었다.

대공황은 모든 국가와 사람을 시험에 들게 했다. 모두 자기 수준에 맞는 시험을 치르고 있었다. 평상시에 자기관리를 잘한 사람은 시험을 잘 치르지만 그렇지 못하면 시험에서 좋은 성적을 얻기가 어렵다. 대공황의 파도가 아무리 거세도 전혀 흔들리지 않고 승승장구하는 기업이나 개인이 있지만 대부분 뿌리째 흔들리며 나가떨어졌다.

헨리 포드 같은 이는 대공황의 허리케인으로부터 털끝 하나 다치지 않았다. 오히려 그것을 기회로 삼아 폭발적인 성장을 했다. 성공에 필요한 요소를 종합적으로 갖추고 회사와 자신을 경영하고 있었기 때문에 대공황은 그의 허점을 찾을 수 없었을 뿐만 아니라 포드에게 디딤돌 되는 역할을 해야만 했다.

반면 에디슨 개인 비서로 시작해 에디슨 사(社)의 사장까지 올랐던 사무엘 인설은 대공황의 여파로 내리막길을 걸으며 결국 수배되어 영국으로 도피했다. 그런데 그가 망하게 된 것은 대공황 때문이 아니다. 그전부터 그는 몇 명의 여성에게 놀아나 사업을 등한히 하고 자기 전문분야가 아닌 다른 분야에 쓸데없는 투자를 하다 대공황의 직격탄을 맞고 단번에 쓰러지고 말았다.

돈은 행복을 가져다주지만, 불행의 씨앗이 되기도 한다. 노동자들은 힘든 노동에서 해방되기를 고대했지만, 막상 일자리를 잃자 그래도 거기라도 다닐 수 있다면 얼마나 좋을까 하며 안타까워했다. 인간에게 가장 고통스러운 것은 '일하는 고통'이 아니라 '일할 수 없는 고통'이었다.

나는 사람들에게 새로운 창조적 정신과 용기, 신념이 필요하다는 것을 절감했다. 그래서 새로운 대중서를 집필했는데 그것이 바로 〈Think and Grow Rich(생각하라, 그러면 부를 얻으리라)〉였다.

생각하라, 그러면 부를 얻으리라

이번 책은 한 권에 간결하게 핵심을 담는 쪽으로 가닥을 잡았다. 분량이 많다 보면 독자는 그것을 읽는 데 부담을 느끼게 되며, 여러 권을 읽을 마음의 준비가 부족하기 때문에 핵심을 정리한 요약본 성격으로 기획했다. 그런데 그 기획 의도가 적중하여 내 책 중 가장 많이 팔리게 됐으며 성공철학자로서 나폴레온 힐의 이름을 확고히 했다.

책의 출판을 앞두고 제목을 정하는 것도 우여곡절이 있었다. 처음 제목은 '부자가 되는 열세 단계 방법'이었다. 하지만 출판사에서는 독자들을 더 자극할 수 있는 백만 달러짜리 제목을 원했다. 출간 예정일이 가까워지자 출판사 직원은 매일 독촉 전화를 했다. 나는 책 제목을 600개쯤 생각했는데 모두 마음에 들지 않아 버렸다. 카네기는 나와 인터뷰할 때 상상력의 중요성을 말하면서 책 제목에 관해서도 얘기한 적이 있다.

"상상력을 잘 활용하면 훌륭한 세일즈를 해낼 수도 있습니다. 예를 들어 한 출판업자는 매우 가치 있는 사실을 발견했습니다. 그것은 독자들은 내용보다는 책의 타이틀과 디자인에 더 민감하게 반응한다는 것입니다. 그래서 판매가 형편없던 책도 내용은 그대로 둔 채 제목과 디자인만 바꿔서 재출간해 100만 부를 팔아치우는 일도 있습니다.

이런 얘기가 시시하게 들릴지도 모르지만 하나의 아이디어가 새로운 가치를 만들어내는 좋은 사례라고 할 수 있습니다. 남이 필요 없다고 버린 아이디어도 잘 고쳐 쓰기만 하면 쓸 만한 것들이 꽤 많이 있습니다. 문제는 상상력을 발휘하려고 노력하는 사람이 많지 않다는 데 있습니다."

그 얘기를 상기하면서 나는 제목에 다시 집중했다. 하지만 적당한 제목이 생각나지 않았다. 그러던 어느 날 출판사 직원이 전화로 최후통첩했다.

"내일까지는 제목을 결정해주셔야 합니다. 그렇지 않으면 제가 생각한 것으로 할 거예요. 굉장한 제목인데요. '뇌를 쓰면 배춧잎이 들어온다'에요."

"뭐라고요? 배춧잎이요? 너무 우스꽝스러운 제목 아닌가요?"

"아무튼, 내일까지 더 좋은 제목을 안 주시면 이게 제목이 될 거예요."

전화를 끊자 나는 마음이 급해졌다. 그래서 그날 밤 나의 잠재의식과 대화를 나눴다. 나는 잠재의식에 말했다.

"그동안 나와 함께하며 너는 나에게 무수한 도움을 주었고, 고락(苦樂)을 함께했지. 그런데 나는 지금 백만 달러짜리 제목이 필요해. 그것도 오늘 밤 안으로. 내 말 알겠지?"

나는 눈을 감고 제목에 대해 생각하다 잠이 들었다. 그런데 두 시쯤 누가 나를 깨우는 것 같아 잠에서 깼다. 그러자 머릿속에서 하나의 제목이 반짝이며 빛나고 있었다. 나는 곧바로 타자기로 그것을 옮겨 적었다. 그리고 아침 일찍 출판사에 전화했다.

"제목이 정해졌습니다. 제목은 'Think and Grow Rich(생각하라, 그러면 부를 얻으리라)'입니다."

이 책이 자기계발 분야의 고전이 된 것은 제목 덕분이기도 하다.

그런데 대공황을 거치며 나는 성공철학에서 빠진 부분이 있음을 발견했다. 그것은 성공이 물질의 소유에 국한되는 것이 아니라 물질과 정신의 조화에 있으며, 마음이 평화로운 자가 진정한 부자라는 사실이었다. 나의 기도 방식에도 변화가 생겼다. 그전에는 고난이 닥치면 기도했다. 그리고 무엇을 달라고 간구하는 기도를 주로 했다. 하지만 그때부터는 내가 가진 것에 대해 먼저 감사하며, 고난이 닥치기 전에 기도했다.

더불어 나는 내 마음을 지키고 인도하는 8명의 기사를 임명했다. 물론 이 기사들은 실재하는 존재가 아니라 상상의 존재다. 이들과 소통하면서 나는 공포와 불안을 가져오는 존재로부터 보호받았으며 올바르고 부유한 길로 인도받을 수 있었다.

8명의 기사는 일종의 수호천사로 나는 일일이 그들의 이름을 붙여주었다. 처음 8인의 기사를 임명하던 날 나는 그들에게 임명장을 수여하고 각자 할 일을 명확히 알려 주었다. 그것은 마치 '상상 속 회의'에서 여러 위인과 회의하던 방식과 유사했다.

"여러분은 나를 지키고 보호하는 8명의 기사입니다. 내 마음의 성을 잘 지키고 항상 경계를 게을리하지 마세요. 또 내가 목표에서 이탈하거나 잘못된 길로 가려고 하면 즉각 멈추라고 알려주기 바랍니다.

평화의 기사는 내 마음의 울타리 너머에서 들어오는 손님이 평화를 해치는 자라는 판단이 들면 출입을 허용해서는 안 됩니다. 희망과 신뢰의 기사는 온전한 믿음과 밝은 희망을 가져오는 기운이 아니면 끌어당기지 않습니다. 사랑의 기사는 황금률에 기반하여 사랑과 자비를 실천하도록 도와야 합니다. 건강의 기사는 육체의 건강을 해치는 습관을 멀리하고 활기찬 에너지를 갖도록 도우십시오. 경제의 기사는 빈곤과 배고픔으로부터 해방하고 재물과 부가 넘치는 곳으로 이끌어주세요. 지혜의 기사는 접하는 지식을 정보의 창고에 저장하고 무한한 지혜와 연결될 수 있도록 돕고 사람들에게 지식을 이롭게 활용하도록 도와줍니다. 인내의 기사는 자제력을 길러주고 불필요한 갈등을 피하도록 돕습니다. 백(白)기사는 다른 기사들이 본인의 임무를 잘 수행하지 못할 때 그 역할을 대신해주기 바랍니다. 여러분과 나는 매일 밤 마스터 마인드 시간을 가질 것입니다."

나는 8인의 기사와 마스터 마인드가 되어 문제를 해결해 나갔으며, 적절한 서비스를 받았다. 잠자리에 들기 전 8인의 기사에게 감사 기도를 하는 것도 잊지 않았다. 그들은 부정적인 마음이 침범하지 않도록 경계를 게을리하지 않았으며 마음의 성을 굳건하게 지켰다. 나는 내 마음에 중요한 목표를 고정했으며 거기서 이탈하지 않도록 신념과 열정으로 가득 채웠다. 그러자 그들은 내게 필요한 물질과 정신적 대가를 모자라지 않게 공급해주었다.

〈Think and Grow Rich〉에서 내가 가장 중점으로 둔 것은 마음의 신비에 눈 떠 '진실한 자아'와 만나는 것이었다. 마음의 신비에 눈 뜬 자라야 물질과 정신의 조화를 추구하며 건강한 부자가 될 수 있기 때문이다.

여기서 나는 한 사람을 소개하려고 한다. 이 사람은 책 출간 후 한참 뒤인 1952년에 만났지만, 그와 나의 만남에 〈Think and Grow Rich〉가 매개 역할을 했고, 또 그가 어떻게 대공황을 극복했는지 이야기를 듣는다면 내가 앞에서 말한 헨리 포드와 같은 사례가 얼마든지 있으며 누구라도 성공철학을 마음에 익힌다면 최악의 상황에서도 성공할 수 있음을 알게 될 것이기 때문이다.

대공황 때문이 아니다

클레멘트 스톤은 가난한 가정에서 태어나 여섯 살 때부터 신문팔이를 했다. 그가 16세 때 어머니가 보험회사 외판원으로 취직한 덕분에 방학 때 어머니를 따라 아르바이트 삼아 보험을 팔아 본 것이 계기가 되어 보험 세일즈맨이 되었다.

세월이 흘러 1920년대 말, 20대의 그는 이미 1천여 명의 직원을 거느린 보험회사의 사장이 되었다. 그 후 이 회사는 전국에 지사를 가진 거대한 조직으로 발전했고, 그 때문에 20대 후반에 그는 벌써 백만장자 문턱에 들어설 수 있었다.

회사가 승승장구하던 시절 시장에 커다란 폭풍이 몰아닥쳤다. 1929년 10월 29일 주식시장이 붕괴했다. 그리고 상황은 점점 악화됐다. 신문에는 매일 비극적인 이야기가 가득했다. 스톤이 알고 지내던 성공한 젊은 중개인에 관한 기사도 있었다. 그는 삶의 벼랑에서 스스로 목숨을 끊었다.

1930년 스톤은 어떤 친구를 종종 만나곤 했다. 그 또한 20대 후반의 젊은 나이에 꽤 성공한 친구였는데 스톤은 그를 존경했다. 친구와 즐거운 대화를 마치고 헤어지려는데 그가 스톤에게 말했다.

"그런데 친구, 내게 10달러만 빌려주겠나? 다음 주 화요일까지 갚겠네."

스톤은 지갑에서 10달러를 꺼내 그에게 주었다. 하지만 그 친구에게 화요일은 영원히 오지 않았다.

스톤은 큰 충격을 받았다. 그때까지도 그는 공황의 영향권에 들어가지 않았었다. 하지만 출중한 능력과 명민한 재주를 가진 사람들이 하나둘 실패의 나락에 떨어져 재기하지 못하는 모습을 보자 정신을 차려야겠다는 생각을 했다. 뭔가 경험해보지 못한 거대한 충격이 다가오고 있음을 느낄 수 있었다.

1931년 말에는 그도 대공황의 태풍 영향권에 들어섰다. 그는 채권자들에게 괴롭힘을 당하고 있었다. 돈을 돌려받지 못할까 불안한 채권자들이 상환을 요구하고 있었기 때문이다. 그는 무엇이 문제인지 생각했다.

'내가 겪는 돈 문제의 원인은 수천 명이 넘는 판매원들이 있지만 그들의 판매수입이 많지 않아서 내 수입이 좋지 않기 때문이다. 중요한 것은 판매사원의 숫자가 아니라 그들이 얼마나 많이 파느냐이다.'

생각이 여기에 미치자 스톤은 자신이 직접 세일즈를 하기로 결심하고 뉴욕으로 떠났다. 그는 평소에 '판매의 성패를 좌우하는 것은 잠재고객의 태도가 아니라 판매원의 태도다. 영감을 받아 고무된 판매원이 적절한 노하우와 지식을 가지고 있으면 잠재고객이 사게 할 수 있다'는 자신의 판매 철학을 직원들에게 설파하곤 했었다. 이제 스톤이 다시 그것을 증명해야 할 차례가 됐다.

스톤은 커머셜 상해보험 회사와 협의해 보험료가 약간 더 높은 새로운 보험 증권을 발행하라고 했다. 그러자 영업 관리자들은 그에게 이렇게 말했다.

"이런 건 팔리지 않습니다."

실제로 판매원들은 그것을 고객들에게 팔지 못했다. 영업 관리자들의 말이 맞았다. 하지만 스톤은 다시 고개를 저었다.

'사람들은 불경기에 대해 들었을 것이다. 그리고 그들이 보고 들은 내용이 그들 마음에도 영향을 미친 것이다. 대부분 사람이 그랬던 것처럼 영업 관리자들도 스스로 부정적인 마음 자세를 가지고 있다.'

여기에 생각이 미치자 스톤은 자신의 철학을 자기 힘으로 다시 증명해 보기로 굳게 결심했다.

그해 여름 그는 버팔로, 로체스터, 그리고 뉴욕주 서부의 다른 도시들에서 자신의 여태까지의 판매기록을 갈아치웠다. 자신이 슈퍼 세일즈맨 시절에 올린 그 어느 날의 실적보다도 훨씬 더 많았다. 그는 그 순간 확신을 얻었다.

'그래! 할 수 있다. 확실히 할 수 있다는 정신 자세가 중요한 거야. 불황이기 때문에 보험을 팔 수 없는 것이 아니라, 불황이기 때문에 보험을 팔 수 없다고 '생각'하기 때문에 팔지 못하는 것이다.'

지역이 어디든지, 경기가 호황이거나 불황이거나 상관없이, 긍정적인 마음 자세로 적극적인 태도를 유지한다면 절대 실패하지 않는 판매 시스템을 구축할 수 있다고 확신했다. 할 수 있다는 적극적이고 긍정적인 정신 자세가 중요하다는 것을 깨달은 스톤은 뉴욕에서 돌아온 즉시 미국 전 지역의 지사장 앞으로 공문을 발송했다.

"업무성과는 시장이나 고객의 상황에 따라 좌우되는 것이 아니라 일하는 사람의 정신 자세에 달려 있습니다. 직원들에게 긍정적이고 적극적인 정신 자세에 관해 교육하십시오."

그러나 사장의 지시라고 해서 지사장들이 모두 따라 주지는 않았다. 오히려 그 반대였다. 그들도 많은 사람처럼 불황 때문에 힘들 거라는 부정적인 마음이 무의식에 깊숙이 자리하고 있었다. 이러한 상황을 눈치챈 스톤은 지사장들에게 교육을 맡겨서는 안 되겠다고 생각하고 자신이 직접 전 지사를 돌면서 긍정적인 태도에 대해 교육을 하기로 했다.

그는 적극적인 정신 자세에 관해 이야기해 주고, 자신감을 불어넣어 주고, 카운슬링을 해주고, 직접 필드 트레이닝도 시켜주며, 휴일도 없이 18개월 동안 전국을 돌아다녔다. 그러던 중에도 경기불황으로 인해 직원 8백여 명이 회사를 떠났고, 남은 직원은 고작 135명에 불과했다.

그런데 흥미로운 점은 1920년대 호황기 때 스톤의 교육을 받지 않은, 즉 소극적인 정신 자세를 가지고 있던 1천여 명 세일즈맨이 판매한 실적보다 1930년대 공황기 때 스톤의 뜻에 공감하며, 교육을 받고 적극적인 정신 자세를 갖게 된 135명이 판매한 실적이 더 좋았다는 사실이다.

더불어 그는 판매사원들에 편지를 썼다. 그가 성공하려면 어떤 원리가 필요한지 자세히 설명해주었다. 그런데 편지들을 검토하다가 스톤은 깜짝 놀랐다. 판매원 각자에게 맞추어 쓴 편지의 내용이 크게 다르지 않았던 것이다. 대부분 비슷한 문제로 어려움을 겪고 있었다. 이 경험을 토대로 판매원들에게 필요한 적절한 매뉴얼을 만들 수 있었고, 그로 인해 그들은 큰 소득을 올릴 수 있었다.

업무성과는 인원수에만 비례하는 것이 아니라 일하는 사람의 마음 자세와 태도에 따라 얼마든지 좌우될 수 있다는 교훈을 깨달은 그의 회사는 점점 정상을 향해 나아갔다.

위대한 만남

클레멘트 스톤은 이처럼 대공황의 칼바람을 잘 이겨냈고, 역풍을 타고 도약했다. 그가 내 책을 만난 것은 1937년이었다. 지인이 그에게 선물한 내 책을 다 읽고 나서 그는 이렇게 중얼거렸다고 한다. '신기한데, 이 책은 마치 내 이야기를 하는 것 같군.' 그는 이 책이 자신의 인생과 너무 닮아 있었기 때문에 만나는 사람마다 이 책을 선물했다. 물론 자기 사업에도 내용을 적용했는데 효과가 뚜렷이 나타났다. 훗날 스톤은 〈Think and Grow Rich〉를 읽은 그 날을 자신의 일생에서 가장 중요한 하루였다고 회고했다.

1940년 어느 날 스톤은 사업상 유타 솔트레이크시티를 방문하면서 다시 한 번 그 책을 만나게 된다. 호텔 주변을 산책하던 그는 회의장 주변에 있던 어느 석탄 가게 창문을 통해, 석탄 무더기와 함께 놓여 있는 한 권의 책을 보았다. 바로 〈Think and Grow Rich〉였다. 호기심이 발동한 스톤은 가게 주인과 그 책에 관해 얘기했다. 스톤은 자신이 그 책으로 무슨 도움을 어떻게 받았는지, 그리고 다른 사람들이 책을 이용하여 어떻게 경제적인 성공을 했는지를 설명했다.

그러자 가게 주인도 그 책을 통해 자신이 어떻게 사업에 재기하게 되었는지 말했다. 그는 책의 도움으로 부채를 모두 청산하고 은행에 상당한 금액을 저축할 수 있게 됐다고 했다. 클레멘트 스톤과 나의 인연은 이렇게 이어지고 있었다.

스톤은 1952년 8월 에지워터 비치 호텔에서 어떤 클럽 회원들에게 〈Think and Grow Rich〉에 대한 강의를 하고 사람들에게 책을 추천했다. 이 클럽의 젊은 치과 의사는 한 달쯤 후에 스톤에게 연락을 했다.

"혹시 나폴레온 힐 선생을 만나고 싶지 않으신가요?"

"뭐라고요? 그분이 아직 살아계신단 말이에요?"

나는 그 당시 일선에서 은퇴하여 대중 활동을 거의 하지 않던 시기였다. 그래서 스톤은 내가 이미 저세상 사람이 된 줄 알고 있었다.

"네, 곧 힐 선생께서 시카고에서 치과의사들을 대상으로 강연할 예정입니다."

"그래요? 정말 잘 됐군요. 꼭 그분을 만나고 싶습니다. 그날 강연회에 꼭 참여하겠습니다."

이렇게 해서 클레멘트 스톤과 나는 역사적인 만남을 갖게 됐다. 이 만남으로 나는 또 한 번 인생의 전환점을 맞게 됐다.

사실 당시 나는 성공철학을 책으로 정리하여 보급하는 것 말고 체계적으로 사람들을 훈련하는 프로그램을 만드는 것이 중요하지 않을까 하는 생각을 하던 중이었다. 그렇게 생각하게 된 계기가 있다.

어느 한가한 오후 나는 뒤뜰의 벤치에 앉아 햇볕을 즐기다 잠깐 잠이 들었다. 그런데 낯익은 목소리가 들렸다.

"나폴레온, 정말 보기 좋군요. 당신은 이 햇볕을 맘껏 즐길 자격이 충분합니다. 성공철학을 완성한 것은 정말 멋진 일이에요. 하지만 한가지 부족하다는 생각을 하지는 않나요? 내가 말년에 부를 분배하는 것 외에도 왜 성공철학을 집대성하여 보급하려고 했는지 그 이유를 잘 생각해보세요."

온화한 미소로 말을 건넨 그는 앤드루 카네기였다. 카네기는 〈성공의 법칙〉 출간을 보지 못하고 세상과 작별하였다. 나는 그의 영전에 책을 바치고 기쁨과 감사의 눈물을 흘렸었다. 그런데 갑자기 꿈속에서 그의 목소리를 듣고 나는 고민에 빠졌다. 카네기가 나에게 성공철학 완성을 부탁한 것은 모든 사람이 자신의 어려움을 뚫고 당당하게 삶의 주인이 되어 성공하는 삶을 살아가기를 바라는 간절한 마음 때문이었다.

'그래, 아직 한가지 이루지 못한 것이 있어. 바로 성공철학을 체계적으로 훈련하는 프로그램을 보급하는 것이야. 하지만 그 일은 나 혼자 할 수 있는 일이 아닌데.'

시카고에서 강연이 끝나자 스톤은 내게 찾아와서 앞에서 내가 말했던 저간의 인연에 관해 얘기하며 함께 일하자고 했다.

"선생님, 꼭 함께 일해보고 싶습니다."

유쾌하고 약간 무모한 듯 보이는 열정과 신념의 소유자를 만나자 내 마음도 흔들렸다. 많은 면에서 그는 나와 닮은꼴이었다. 무엇보다 스톤이 내가 하던 고민을 해결해줄 적임자라는 생각이 들었다.

"좋소. 그 대신 조건이 있습니다. 당신이 내 프로그램을 보급할 총 매니저가 돼 주어야 합니다. 일하는 기간은 5년으로 합시다. 5년 동안 50년의 일을 해냅시다."

우리는 5년 동안 50년의 일을 하기 위해서는 성공 프로그램을 완벽하게 만들어 보급하고 다양한 자료를 개발하여 많은 지도자를 양성하는 게 중요하다고 판단했다. 또 사람들의 동기가 계속 유지되기 위해서는 반복적인 교육과 상황에 맞는 적절한 예화 등을 공급하는 것이 중요하다고 생각해 동기부여 잡지를 출판하기로 했다. 스톤은 내게 자신의 직원들 교육도 맡아달라고 특별히 부탁했다.

1953년 'Science of Success(성공의 과학)'라는 제목의 개인 성취 프로그램을 완성하고, 이것을 개인이 집에서 공부할 수 있는 통신강좌로 만들었다. 1954년에는 'Success Unlimited(무제한의 성공) 다이제스트판' 잡지를 창간했는데 이 잡지는 나중에 '석세스 매거진(Success Magazine)'과 통합되었다.

나는 10년 동안 스톤 회사의 직원들에게 성공철학을 가르쳤다. 처음에 회사 간부들은 쓸데없는 일을 한다고 강하게 반대했다. 그들은 성공철학에 대한 이해가 없는 상태였으므로 반대는 당연했다. 내가 5년 후에 그들을 다시 만났을 때 스톤은 그들 앞에서 이렇게 얘기했다.

"여러분, 나폴레온 힐 선생이 오기 전까지 없었던 기적이 우리 회사에 일어나고 있습니다. 여러분도 나폴레온 힐의 성공철학이 담긴 책을 읽고 성공 프로그램을 공부하시기 바랍니다."

당시 클레멘트 스톤 회사는 연간 보험 판매액이 2,400만 달러에서 8,400만 달러가 되었고 스톤 개인의 재산도 300만 달러에서 1억6천만 달러로 불어났다. 이후 스톤과 나는 1960년에 〈Success Through Positive Mental Attitude(긍정적인 마음 자세를 통한 성공)〉란 책을 출간했다. 5년을 계획했던 일이 10년을 채운 것이다. 클레멘트 스톤을 만나면서 나는 그동안 강연 및 연구했던 모든 것들을 집대성하여 하나의 프로그램으로 체계화할 수 있었다.

기적을 만드는 사람 **나폴레온 힐**

스톤과 나는 완전한 마스터 마인드가 되었다. 스톤은 나와 만나고 오래지 않아 이런 고백을 한 적이 있다.

"내가 나폴레온 힐 선생을 만나기 전까지, 성공자가 되는 데 한 가지 부족한 요소가 있었습니다. 바로, 마스터 마인드 원리, 즉 두 사람 혹은 그 이상의 사람들이 공동의 목표를 향하여 완벽한 조화와 협력의 정신으로 함께 일하는 것입니다."

스톤과의 만남으로 내 인생은 마지막에 더 빛날 수 있었다.

9장

기적을 만드는 사람

Napoleon

Hill

기적을 만드는 사람

스톤과 함께 전국을 돌아다니면서 내가 쓴 책을 읽고 자신의 삶을 혁명적으로 변화시킨 사람들을 많이 만나볼 수 있었다. 나는 그들을 통해 '인간은 마음의 상태에 따라 얼마든지 삶을 변화시킬 수 있다'는 것이 사실임을 확인할 수 있었다.

토머스는 시골 마을 대장장이의 아들로 태어났다. 십일 남매 중 아홉 번째로 태어났고 겨우 연명하는 수준의 가난에 찌들어 어릴 때부터 일해야 했다. 구두닦이, 신문팔이, 공장 노동자, 세차장 심부름, 기계공의 조수 등 갖은 일을 했다. 그러다 커서 기술자가 되었다. 그렇다고 해서 가난에서 해방된 것은 아니었다. 여전히 생활은 팍팍하고 힘들었다. 그 와중에 결혼했는데, 가난에 익숙한 그는 매사에 구두쇠처럼 굴었다. 그의 아내는 매번 그에게 생활비를 타 써야 했고, 그는 쓸데없는 일에 돈을 쓴다고 아내를 구박했다. 그는 자신이 가난의 굴레를 벗어나는 것은 불가능하다고 믿고 있었다. 그러다가 공장이 어려워지면서 결국 직장을 잃게 되었다. 그는 공장 문을 나서면서 '아무리 노력해도 현실의 벽은 높기만 하구나. 정말 길이 보이지 않아. 한평생 이 시궁창 같은 현실을 벗어날 수 없단 말인가' 넋두리를 했다.

설상가상 대출로 얻은 집마저 이자를 갚지 못해 은행에 빼앗길 지경이 되었다. 아무리 생각해도 상황을 극복할 묘책이 보이지 않았다. 그러던 중 한 친구로부터 책을 선물 받았다. 책의 저자는 나폴레온 힐이었다. 책을 선물해준 친구는 책을 주며 이렇게 말했다.

"내 인생의 가장 절망적인 상황은 대공황기에 집을 잃었을 때였지. 나는 집을 빼앗기지 않으려고 필사적으로 노력했어. 하지만 불행은 나보다 항상 빠르게 수를 두더군. 마침내 나는 집을 뺏기고 거리로 내몰리고 말았지. 절망의 순간에 한 권의 책을 만났는데 그 책에서 해답을 찾을 수 있었네. 그래서 다시 집과 재산을 찾을 수 있었다네. 이 책을 두 번 반복해서 읽어보게 그러면 자네도 반드시 행운을 자네 편으로 만들 수 있을 걸세."

"한 번이 아니고 왜 두 번을 읽으라는 건가?"

"그것은 마음의 힘 때문이야. 자네가 과거의 습관대로 마음을 사용한다면 그 책을 읽어도 상황은 변하지 않을 걸세. 새로운 마음의 길을 내려면 반드시 두 번을 읽어야 한다네."

토머스는 친구의 말대로 책을 반복해서 읽었다. 그리고 재기할 방법을 찾았다. 그러다 마침내 이렇게 결론을 내렸다.

"사는 동안 나는 늘 수동적이었어. 내가 주도해서 행동하기보다 늘 누군가 나에게 일을 주기만을 기다렸어. 앞으로 더는 그런 인생을 살 수는 없어. 우선 구체적인 목표를 세워야겠어. 목표는 전에 세웠던 것보다 더 큰 것이어야만 해. 우선 직장을 얻어야겠어. 그리고 그 직장에서부터 새롭게 시작하는 거야."

그는 우선 직장을 찾았고, 전 직장보다 보수는 적었지만, 열심히 다녔다. 그런데 얼마 후 놀라운 일이 벌어졌다. 그는 자기 공장을 갖게 됐고 몇 년 후 한 은행의 설립자이자 대표가 됐다. 그리고 시장에도 선출되었고, 여러 개의 사업체를 이끌게 됐다.

나는 그에게 내 책을 읽고 세웠던 목표가 무엇이었는지 물었다.

"제가 세운 목표는 50세 이전에 퇴직할 수 있을 만큼 부자가 되는 것이었습니다. 그런데 그 목표를 6년이나 앞당겨 이룰 수 있었습니다. 사람이 목표를 세우는 데 한계를 둘 필요는 없다고 생각합니다."

실패를 딛고 일어나 재기하기 전에 그 사람이 무슨 일을 했고, 돈이 얼마나 있었는지는 전혀 중요하지 않다. 중요한 것은 그가 현실에 대해 어떤 '불만족'을 느끼고 그것을 타파하기 위해 어떤 '목표'를 세웠는가이다. 자신의 마음을 긍정적 소망으로 가득 채우면 가난과 불안은 시간과 함께 물러나게 되는 것이다.

시드니에 사는 모리슨의 사례도 시사하는 바가 크다. 그는 열아홉 살에 자기 사업을 시작했다. 구두와 관련된 일이었는데 그는 첫 사업에 보기 좋게 실패했다. 스물두 살에는 시의원에 출마했다가 낙선했다. 계속 실패하면서도 그는 낙심하지 않았다. 오히려 실패에서 무언가를 배우기 위해 노력했다. 모리슨은 부자가 되고 싶은 열망에 사로잡혔다. 그는 좀 더 체계적인 공부의 필요를 느끼고 도서관엘 다녔다. 매일 도서관에서 성공과 부에 관한 책을 보다가 어느 날 내 책을 만나게 됐다. 그는 종일 그 책을 집중해서 다 읽었다. 책을 반납하려던 그에게 하나의 생각이 떠올랐다.

'책의 내용이 내 몸과 마음에서 자동으로 작동하려면 한 번 읽어서는

안 되겠어. 몇 번 더 읽고 책의 내용을 완전히 내 것으로 만들어야겠다.'

그래서 책을 빌려와 세 번이나 읽게 되었다. 하지만 가슴속에서 성공의 열망은 불타올랐으나 무엇을 어떻게 해야 할지 구체적으로 생각나지는 않았다. 그래서 그는 한 번 더 책을 읽었다. 책을 다 읽고 친구를 만나러 가던 중 거리에서 갑자기 그에게 영감이 떠올랐다.

"사거리에서 길을 건너려는데 갑자기 영감이 떠올랐어요. 짧은 순간에 섬광처럼 나타났던 거죠. 나도 모르게 소리를 지르고 말았어요. '그래, 바로 이거야' 그때 어떤 사람이 내 옆을 지나가고 있었는데 내 모습을 보고 깜짝 놀라 저를 쳐다봤어요. 하지만 그런 것에 신경 쓸 여유는 없었어요. 나는 새로운 생각을 가지고 서둘러 집으로 돌아왔습니다."

모리슨은 행동주의자였다. 그는 동기가 불타오를 때 그 감정과 신념을 놓쳐서는 안 된다는 것을 알고 있었다. 그리고 그것을 유지하기 위해서는 그것을 기록하고 반복함으로써 무의식에 확고하게 뿌리내려야 한다는 것도 잘 알고 있었다.

"친구와 만나는 약속을 포기하고 머릿속에 떠오르는 생각을 놓치지 않기 위해 집까지 뛰어갔습니다. 의자에 앉자마자 나는 내 목표를 이렇게 적었습니다. '1959년까지 반드시 백만장자가 되고 말 것이다.' 그것이 나의 명확한 첫 번째 목표였습니다."

"어떻게 해서 그런 생각이 났던 거죠?"

"선생님께서 책에서 목표를 아주 구체적으로 세워야 한다고 말씀하셨잖아요? 언제까지 얼마를 벌고 무슨 목표를 달성할 것인지 기록하고, 반복해서 읽으라고 하신 것을 그대로 따라 했을 뿐입니다."

그렇게 목표를 정하고 반복적으로 생각하자 그의 환경이 목표에 맞추어 움직이기 시작했다. 그는 최연소 시의원이 됐고, 커다란 음료 회사의 사장이 됐다. 마침내 그는 백만장자가 되었다. 그는 자기 암시를 통한 무의식의 힘에 대해 완전히 통달하고 있었다.

내가 만났던 성공자들은 모두 하나의 공통점이 있었는데 그것은 무의식을 통제하여 자기 마음대로 조절하는 단계에 도달하였다는 것이다. 성공과 부를 가지기 위해서는 우선 자기 마음을 조절하고 강한 신념과 의지로 잠재의식을 변화시켜 긍정의 에너지로 가득 채울 줄 알아야 한다.

내가 그에게 성공을 열망하는 많은 사람에게 도움이 될 만한 한마디를 부탁하자 그는 이렇게 말했다.

"부자가 되고 싶은 열망을 종이에 써서 마음을 다해 정성껏 매일 두 번씩만 읽어보세요. 어느 순간 부가 끌려오고 있다는 것을 알게 될 것입니다. 자신이 목표하는 바가 무의식과 직접 소통할 수 있도록 길을 만들어야 하는데 반복해서 읽으면 그것이 가능해집니다. 왜냐하면, 반복하는 동안 그 사람의 사고는 부를 축적하는 쪽으로 모든 습관이 만들어지기 때문입니다."

모리슨은 성공철학의 핵심을 명확하게 이해하고 있었다. 너무 당연한 이야기지만 그는 목표했던 것보다 3년이나 빨리 백만장자가 될 수 있었다.

클레멘트 스톤도 비슷한 경험을 했다. 스톤이 국제 영업 관리자 회의 임원 자격으로 아시아 태평양 지역을 순회할 때의 일이다. 어느 날 그는 호주 멜버른의 경영자를 대상으로 동기부여 강의를 했다. 그다음 주 금요일 그에게 한 통의 전화가 걸려왔다. 사무용품을 만드는 회사의 세일즈 매니저 콘웨이었다.

기적을 만드는 사람 **나폴레온 힐**

"선생님, 기적이 일어났어요. 아마 제 얘기를 들으면 정말 흥분하실 겁니다."

"도대체 무슨 일이 있었던 거죠?"

"지난주에 동기부여 강의하실 때 책 10권을 추천해주셨잖아요. 저는 그중에서 나폴레온 힐 선생의 책을 구해 그날 저녁에 당장 읽기 시작했습니다. 몇 시간 동안 계속 읽었습니다. 책을 다 읽고 저는 명확한 목표를 세우기로 결심했습니다. 저는 노트에 목표를 짧고 굵게 적어놓았습니다. '나의 올해 가장 확실하고 중요한 목표는 지난해보다 두 배의 실적을 올리는 것이다' 그런데 더 놀라운 것은 제가 벌써 그 목표를 달성했다는 것입니다."

"어떤 방법을 써서 목표를 달성한 거죠?"

"강연 때 어떤 보험 세일즈맨 이야기를 하셨잖아요. 아는 사람이 전혀 없는 곳에서 보험을 팔았던 사람요. 그런데 그가 온종일 한 건도 계약하지 못했는데 불가능한 목표를 세워 다시 도전했기 때문에 성공할 수 있었다고 하셨잖아요? 그가 그날 저녁 자신에게 '내일은 똑같은 곳에 가서 직원 중 누구보다도 많은 실적을 딱 하루 만에 올리고 돌아오겠다'고 결심하고 행동에 옮겼던 것을 주목하라고 하셨어요.

선생님께서 그가 다음 날 똑같은 거리를 얼마나 철저히 훑고 다녔는지 말씀하셨지요. 그가 전날 만났던 사람들을 일일이 다시 찾아가 68건의 보험을 신규계약하고 말았다는 것을요. 저는 선생님의 말씀을 깊이 새겼습니다. 선생님께서는 '감동하는 것으로는 충분하지 않다. 당장 행동하라!'고 하셨어요. 저는 실패한 곳에서 다시 일어서리라 마음먹었습니다.

우선 영업일지를 펴고 제가 '포기'라고 표시한 '전혀 가망 없는 고객'의 명단을 확인했어요. 그리고 그중 10명을 선택해 자세히 검토하고, 제가 다시 제시할 거래 성사 조건에 대해 생각했어요. 그것들을 메모하고 저에게 '지금 당장 행동하라!'하고 말했어요. 그렇게 마음을 단단히 무장하자 자신감이 충만해지는 것을 느꼈어요. 저는 명단을 들고 한 사람씩 이름을 부르며 '당신은 내일 꼭 계약하게 될 겁니다'라고 반복해서 말했습니다. 그리고 다음 날 10명의 고객을 일일이 찾아가서 설명했어요. 그 결과 커다란 규모의 계약을 9개나 성사시켰습니다. 정말 믿을 수 없는 결과였어요. 1년 동안 못했던 일을 하루 만에 해내다니요. 신념이야말로 기적을 만드는 원동력입니다. 긍정적인 마음 자세를 세일즈맨이 사용했을 때 어떤 결과를 만들어 낼 수 있는지 저는 똑똑히 확인했습니다."

콘웨이는 스톤의 강의를 경청하고 자기 일에 적용했다. 그는 자신의 열망을 실천으로 연결하는 고리를 놓치지 않았다. 스톤의 말처럼 열망을 당장 행동으로 옮기지 않으면 오래지 않아 마음의 신념은 사라지고 부정적인 의식이 마음에 자리 잡게 된다. 무의식을 움직일 정도의 강한 신념을 갖기 위해서는 명확한 목표를 반복해서 외움으로써 열망의 불길을 거세게 키워나가야 한다. 콘웨이는 '지금 당장 행동하라'를 반복해서 외우며 신념을 다졌다. 그런데 콘웨이의 목표는 자기가 이미 가망 없다고 포기했던 사람들에게 보험 상품을 파는 것이었다. 그의 마음속에 얼마나 커다란 열망이 불타고 있었는지 짐작이 간다.

성공의 밑천, 생각하는 힘

사람들은 각자 처한 상황이 다르다. 역경에 처하더라도 그 모양은 다양하다. 어떤 사람은 파산했을 수도 있고, 어떤 사람은 병마와 싸우고 있을 수도 있다. 어떤 상황이든지 고난은 이전과는 다른 방식의 삶을 요구한다. 그런데 그것은 생각하는 힘을 집중해서 사용해야 한다는 공통점을 가지고 있다. 그런 면에서 켈리의 사례는 아무리 어려운 상황에 처하더라도 사고의 힘을 활용하기만 하면 누구라도 역경을 극복할 수 있음을 보여준다.

그는 병원에 입원하여 한동안 치료를 받아야 하는 상황이었다. 재정적으로 이미 파산 상태였고 치료받는 동안 병원에서 할 수 있는 일은 생각하거나 책을 읽는 것뿐이었다. 그는 자신의 장래를 절망적으로 보고 있었다. 병을 치료하고 퇴원한다고 해서 무엇을 할 수 있을지 답답하기만 했다. 그러다 우연히 병원 휴게실에서 〈Think and Grow Rich〉를 발견해서 읽게 됐다. 책의 한 구절에서 읽기를 멈추고 한참을 바라보았다.

"기회는 당신 앞에 널려 있다. 먼저 무엇을 이루고 싶은지 정하고 그다음 한 걸음을 내디더라. 행동하지 않고 그대가 얻을 수 있는 것은 없다."

켈리는 책을 읽으면서 심장이 조금씩 뜨거워짐을 느낄 수 있었다. 비록 병원에 갇혀 있는 신세지만, 자기만의 방식으로 할 수 있는 일이 있을 것 같았다.

　책을 읽고 나서 그에게 하나의 생각이 떠올랐다. 그와 같은 병실을 쓰던 사람이 퇴원을 준비 중이었는데 세탁물이 배달됐다. 그가 셔츠를 입으려고 꺼낼 때 두꺼운 판지가 눈에 들어왔다. 그걸 보면서 쓸만한 생각이 머릿속을 스치고 지나갔다.

　그의 아이디어는 이랬다. 당시 세탁소에서 세탁물을 배달할 때 다림질한 세탁물이 구겨지지 않도록 두꺼운 판지를 하나씩 끼워서 처리하는데, 그 판지가 1천 장에 4달러였다. 켈리는 판지의 가격을 1천 장에 1달러로 낮춰 공급할 계획을 세웠다. 가격을 낮춤으로써 발생하는 손해는 판지에 광고를 인쇄하여 광고주에게서 광고비를 받으면 충분히 상쇄되고 추가 이익이 발생할 것이라고 봤다.

　퇴원 후 그는 곧 아이디어를 실행에 옮겼다. 광고는 그의 전문분야가 아니었으므로 당연히 '시행착오'를 겪었다. 하지만 그는 책에서 배운 대로 시행착오는 실패가 아니라 성공으로 다가가는 방법을 찾는 과정이라고 생각했다. 문제를 발견하면 즉각 해결책을 찾아 보완하는 방식으로 사업에 몰두했다. 머지않아 그의 사업은 빠른 속도로 커나갔다. 병원에 입원하기 전과 비교하면 엄청난 규모의 사업이었지만 그는 만족하지 않았다. 서비스를 개선해 매출을 더 키워야겠다는 생각을 했다. 그즈음 광고주들로부터 불만이 들어왔다.

　"세탁물을 받은 고객들이 셔츠에서 판지를 꺼내면 바로 버리는 것이 문제입니다. 광고효과를 높이기 위해서는 그 판지를 고객들이 오래 보관하도록 하는 것이 필요해요."

　'어떻게 하면 판지를 더 오래 보관하게 될까?'

고민을 계속하던 어느 날, 판지를 보던 그에게 획기적인 아이디어가 떠올랐다.

'그래, 맞아. 광고가 없는 면에 뭔가를 실으면 좋겠어. 한쪽 면에 광고가 실려있지만 다른 면에는 아무것도 없잖아. 여기에 뭔가 고객들에게 필요한 정보를 넣으면 되지 않을까?'

그는 광고가 인쇄된 반대쪽에 새로운 것들을 추가했다. 그것들은 맛있는 요리 만드는 방법이나 아이들이 가지고 놀 수 있는 게임이나 가족이 함께 즐길 수 있는 놀이 등이었다. 그 외 응급처치 방법이나 건강관리에 관련된 내용도 넣었다. 그러자 고객들은 판지를 바로 버리지 않고 보관하게 됐다. 회사의 광고효과도 높아져 수익이 증가했다.

그런데 켈리는 거기서 멈추지 않았다. 그는 비즈니스를 더 키우고 싶었다. '어떻게 하면 좋을까?' 계속 생각했다. 이번에도 질문에 답을 얻었다.

'그래, 세탁소들과의 거래에서 얻은 매출의 1%를 세탁협회에 기부해야겠어. 책 내용에 주는 것이 먼저라고 했으니 책에 적힌 대로 일단 해보자'

켈리는 곧바로 행동에 옮겼다. 그러자 세탁협회에서는 켈리가 세탁소에 판지를 독점적으로 공급하도록 해주었다. 여기서 켈리는 중요한 발견을 했다. '상대방이 원하는 것, 그에게 유익한 것을 주면 상대방도 그에 맞는 보답을 한다'는 것이다. 켈리는 '끌어당김의 법칙'과 '심은 대로 거두는 법칙'의 황금률을 몸소 체득하게 된 것이다.

켈리는 생각하는 힘을 밑천으로 하여 사업을 일으켰다. 아무리 무일푼이라 하더라도 '시간'과 '생각하는 힘'만 있다면 얼마든지 새로운 변화를 만들어 낼 수 있다. 따라서 우리는 어려움과 역경에 처할수록 홀로 생각하는 시간을 더 가져야만 한다.

숨은 조력자와의 동업

이처럼 잠재의식의 개발은 성공으로 가는 길에 필수적이다. 당시 나는 독특한 경험과 이력을 가진 한 사람과 교류하고 있었는데 중장비 제조 업자이며 자기계발 강사로 활동하던 카민이었다. 그는 정규교육을 거의 받지 못했지만, 자신의 분야에서 탁월한 업적을 남겼다.

그가 뉴멕시코 주에서 고속도로 건설에 하도급 업자로 참여하고 있을 때의 일이다. 산악지역에서 도로공사를 할 때 그는 암반 제거하는 일을 했는데, 중간에 엄청나게 큰 암반 지층을 만나 큰 손실을 입었다. 그가 가진 기술을 총동원했지만, 암반은 꿈쩍도 하지 않았다. 다들 역부족이니 포기하라고 했다. 하지만 그는 포기하지 않고 직접 기술을 개발하면서 공사를 계속했다. 덕분에 예상했던 견적을 훨씬 뛰어넘는 큰 비용이 들었다. 파산을 감수하면서도 그는 기꺼이 그 일을 해내고 말았다. 그런데 그는 역경을 통해 자신의 가장 큰 동업자를 만날 수 있었다고 한다.

"그때는 정말 힘든 시기였어요. 그런데 그때 나는 숨은 조력자의 가르침을 통해 마침내 문제를 해결할 수 있었습니다. 그리고 그것은 내 인생에서 가장 중요한 자산이 무엇인지 확실하게 알게 해준 사건이었지요. 그전까지는 내 노력과 의지만을 믿었다면 그 일을 경험한 뒤로는 무슨 일은 하든 항상 그 숨은 조력자와 동업을 하게 됐지요."

나는 그의 동업자가 누구인지 직접 만나봤으면 좋겠다고 생각했다. 어느 날 그의 동업자를 만날 기회가 생겼다. 그와 함께 비행기를 타고 세미나를 가던 날이었다. 비행기가 이륙하자 카민은 금방 잠이 들었다. 20분쯤 지나자 그는 주머니에서 작은 메모장을 꺼내 무언가를 적더니 다시 잠이 들었다. 도착할 때까지 그러기를 몇 번 반복했다. 비행기가 착륙한 뒤 나는 그에게 물었다.

"아까 메모장에 뭘 열심히 적던데 그게 뭔가요?"

"제가 뭘 적었다고요? 글쎄요."

카민은 바로 메모장을 확인했다. 그러고는 큰 소리로 말했다.

"바로 이거야. 몇 달 동안 고민했는데, 이제야 해결방법을 찾았군."

그는 몇 달 동안 제작 중인 기계의 문제를 해결하지 못해 방법을 찾고 있었다. 마침내 그는 잠재의식과 대화를 통해 해답을 찾아냈다. 그의 숨은 동업자는 바로 그 안의 잠재의식이었다. 열심히 노력한다고 성공할 수 있는 것은 아니다. 성공으로 가는 길에 잠재의식인 영감(靈感)의 개발은 꼭 필요하다.

목표와 열정으로 무장할 때 그 사람 안에 잠든 거인인 무의식이 깨어난다. 내가 할 일은 사람들 속에 잠든 거인을 깨워 본래 자신의 힘과 능력을 깨닫게 하는 데 있었다.

스톤과 나는 전 세계 사람들에게 성공철학의 핵심을 전하기 위해 분주히 다녔다. 덕분에 스톤과 약속한 기간보다 5년을 더 현장에서 일하는 행운을 가질 수 있었다. 수많은 사람이 나와 스톤의 강의를 듣고, 또 책을 통해 고난의 질곡에서 벗어나 자주적인 삶을 살게 됐고 헤아릴 수 없이 많은 백만장자가 배출됐다. 사람들은 나를 '기적을 만드는 사람'이라고 불렀다.

1962년 10월 4일 나와 클레멘트 스톤은 두 사람이 공동으로 이룰 목표를 찾았다고 발표했다. 바로 '나폴레온 힐 재단'을 설립하고 이사장은 클레멘트 스톤이 맡기로 했다. 스톤이라면 나의 성공철학을 널리 대중화하고 황금률을 실천할 나의 '마스터 마인드'임을 확신할 수 있었다. 이때 나는 80세였다. 정말로 은퇴를 할 시점이었다. 재단에 그동안의 저작물과 원고들을 기증하기 위한 작업을 마치고, 사우스캐롤라이나 집에서 마지막 여정을 준비하기로 했다.

성공철학 에센스

집으로 내려온 나의 생활은 단순했다. 동양 고전과 철학서를 탐독하며 명상과 산책을 하는 것이 주요 일과였다. 물질과 정신의 성공과 부에 대한 하나의 간결하고 완결된 철학을 정리하고 싶다는 것이 유일한 소망이었다. 그것을 위해 나는 그동안 생각했던 나의 견해를 종이에 옮겨 정리하는 작업을 시간 날 때마다 진행했다. 나는 그 어느 때보다 만물과 자연의 법칙에 대해 깊이 들여다보는 시간을 가졌다. 어느 늦은 밤 나는 원고에 글을 쓰고 있었다.

「세상에 오직 하나의 진실이 있으니 그것은 모든 만물은 변화한다는 것이다. 제자리에 머물러 있는 것은 하나도 없다. 따라서 가난한 자도 부자가 될 수 있으며, 부자라도 시간을 자기편으로 만들지 못하면 언제든 가난해질 수 있다.

우주는 오직 변화만이 진리요. 시간은 정의와 진실의 편이다. 그러므로 당장 이익이 되지 않는다 해도 진실과 정의에 편에 서라. 그것이 영원한 삶으로 가는 길이다.

마음이 탐욕으로 물들지 않게 조심하라. 자연은 탐욕이 없고 일점일획 어김이 없다. 자연은 서두르는 법도 없고 게으른 법도 없다. 오직 텅

빈 마음으로 돌고 있을 뿐이다. 자연을 거스르지 마라. 자연의 흐름과 일치하라. 그러면 괴로움에서 벗어날 수 있으리라.

어느 순간에도 중용(中庸)에 힘쓰고 양극단을 피하라. 감정은 위대한 창조의 힘이지만 잘못 사용하면 치명적인 독이 될 수 있으므로 이성의 힘으로 적절히 조절하라.

마음의 평화가 가장 중요하다. 항상 감사하라. 모든 일에 자연의 섭리가 깃들어 있음을 기억하라. 자연은 최고의 경전이요, 진리의 교과서임을 잊지 마라.」

여기까지 쓰고 있는데 주변이 고요하고 서늘해지는 것을 느꼈다. 누군가 가까이 다가오는 것이 느껴졌지만, 아무것도 보이지 않았다. 나지막한 하나의 음성이 들려왔다.

"당신은 이제 '위대한 가르침'의 마스터가 되었습니다. 우리는 그동안 지구촌 인류를 영적으로 깨어나게 하려고 꾸준한 노력을 해왔습니다. 우리는 그 수단으로써 역경과 고난을 통해 마음의 각성을 이루고 '진실한 자아'를 만나 마음의 신비에 눈뜨고 그것을 자기 삶에 적용하여 영원한 지성과 합일하도록 유도하였습니다. 당신은 마음의 공포와 두려움을 극복하고 마음을 자신의 의지로 조절할 수 있으며 대자연의 법칙에 눈을 떴습니다. 이제 더는 부정적 자아가 당신의 마음을 깨뜨릴 수 없는 경지에 도달했고, 다른 사람을 그 세계로 인도하는 마스터가 됐습니다."

목소리의 주인공은 담담하고 평온하였으며, 침착하면서도 절도있게 말했다.

"마스터가 되면 무엇을 해야 합니까?"

"마스터에게는 다른 사람이 당신처럼 마음의 어둠에서 벗어날 수 있도록 인도하는 임무가 주어집니다. 인간에게 가장 큰 고통은 괴로움입니다. 괴로움은 마음의 상태로 어두운 감정에 사로잡힐 때 일어납니다. 화내고, 두려워하고, 탐내고, 미워하고, 질투하고, 이기주의에 빠지는 마음으로는 평생 어둠에서 벗어날 수 없습니다."

"어두운 감정도 문제이지만 단지 착하기만 하고 우유부단한 것들도 문제라고 생각합니다."

"맞습니다. 목표가 없이 우유부단하게 행동하면 목표가 분명한 사람에게 휘둘리게 됩니다. 착하기만 해서는 성공할 수 없습니다. 기도할 때도 거지처럼 구걸하는 기도는 열매를 맺을 수 없습니다. 기도는 최선을 다한 후에 마지막으로 도움을 구하는 행위입니다."

잠시 침묵하더니 그는 말을 이었다.

"이제 당신은 지금 얘기한 내용을 바탕으로 사람들이 성공하는 인생을 살아가기 위해 반드시 기억하고 실천해야 할 것들을 간단하게 작성하기 바랍니다. 당신의 책은 훌륭하지만, 내용을 압축해서 사람들이 그것을 하루에 한 번씩 읽을 수 있도록 요약할 필요가 있습니다. 아이들도 이해할 수 있는 쉬운 언어로 적은 분량으로 간략하게 기술한 '성공철학 에센스'를 정리하십시오."

"그것이 나의 마지막 임무입니까?"

"그렇습니다. 그것이 지상에서 당신이 해야 할 마지막 과제입니다."

"알겠습니다. 이것을 다 마치고 나면 나에게 약속된 시간도 다하게 되겠군요."

"지구라는 학교를 졸업하는 마지막 논문이라고 생각하시면 됩니다. 행운을 빕니다."

나는 마지막 숙제를 위해 심호흡을 가다듬었다. 그리고 원고를 써 내려갔다.

성공철학 에센스

「당신의 마음은 항상 자신이 생각하는 것들을 끌어당긴다는 사실을 기억하라. 걱정이나 근심도 생각의 조각이다. 당신의 지배적인 생각은 자연법칙에 따라 시간의 흐름에 맞춰 물질과 현상으로 드러나게 된다. 따라서 당신이 어떤 생각을 주로 하는지 항상 주의 깊게 살펴보아야 한다. 생각을 목표에 집중하라. 인생의 방황은 목표의 부재에서 비롯된다.

인간에게 진실로 가치 있는 것은 자신의 마음을 이해하고 활용하는 지식이다. 진정한 구원은 '모든 것은 오로지 마음이 짓는다'는 마음의 힘을 깨닫는 데 있다. 그러므로 마음을 자유자재로 쓸 수 있을 때까지 계속 연마하라. 무사가 무예를 연습하고 연주자가 매일 연주 연습을 하듯 마음을 훈련해야 한다. 지구 학교를 졸업할 때까지 마음 훈련을 멈춰서는 안 된다.

우주가 인간에게 준 유일한 힘은 자주적으로 사고하고 그것에 의지하는 것이다. 자기 힘으로 생각하지 않는 습관은 영원한 노예로 살겠다는 의지의 표현이다. 자주적으로 사고하는 한 영원한 패배는 없다.

다른 사람에게 얼마나 이익을 베풀었느냐에 따라 당신 삶의 모양이 결정된다. 지금 고난에 처했다면 그대가 먼저 할 일은 남을 돕는 것이다. 매일 한 가지 이상 선(善)을 베풀라. 그러면 그대의 삶에 마침내 햇살이 비추게 될 것이다. 항상 베푸는 것이 먼저라는 사실을 기억하라.

인간의 한계는 자기 스스로 만들었거나 누군가 마음속에 심어준 것이다. 스스로 한계를 인정하지 않는 한 불가능은 없다는 것을 명심하라. 자신은 자기 운명의 진실한 창조자다. 우리의 생각과 말과 행동은 운명을 창조하는 씨앗이다.

고난과 역경은 기존의 사고방식에서 벗어나 새로운 사고의 기회를 제공하고 교만과 이기심을 없애버리게 한다. 물질적인 것에 덜 의존하게 하고 정신적인 힘을 더 많이 사용하는 계기가 되기 때문에 실패는 또 다른 형태의 축복인 것이다. 좌절은 결코 영원한 실패가 아니다. 당신이 인생에서 경험하는 모든 일은 자신을 성장시키는 좋은 재료가 될 수 있음을 안다면 고난과 역경에서 더 많은 배움을 얻게 될 것이다.

자연은 게으름을 용서하지 않는다. 사용하지 않는 것은 결국 퇴화하고 만다. 따라서 항상 배움을 멈추지 말고 마음을 내버려 두지 마라. 내버려 둔 마음 밭에는 잡초가 자라나 결국 창조력과 생명력이 사라지게 된다. 그러므로 마음을 주기적으로 관리하고 마음 밭의 잡초를 제거하며, 아름다운 꽃씨를 뿌려 정성껏 가꾸는 수고를 계속하라.

시간은 오직 정의와 진실의 편이다. 당장 이익이 되는 길보다 먼 안목으로 세상을 보라. 그리하면 올바른 결정을 내리기 쉬울 것이다. 오늘 일은 오늘 하고 내일 일은 내일 하라. 자주적인 사고 능력을 제외하고 우주가 인간에게 준 가장 큰 자산은 시간이다. 똑같은 시간으로 무엇을 만들어내는지는 각자의 노력과 지혜에 달려 있다. 부디 시간을 낭비하지 말고 귀하게 사용하라.

자연의 법칙은 조화(調和)를 바탕으로 이루어져 있으므로, 잘 훈련된 오케스트라처럼 항상 타인과 조화하도록 애쓰고 자신의 마음을 잘 조율하는 데 힘쓰라. 조화를 방해하는 부정적이고 이기적인 사람은 멀리하고 조화를 이루는 데 도움되는 사람들과 적극적으로 교류하라. 항상 자신이 올바로 나아가고 있는지 점검하면 뒤로 물러서는 일은 없을 것이다.

참된 기도는 명확한 목표와 그것을 이루기 위한 신념에 찬 행동이다. 벽에 금이 가면 바람이 들어오듯 마음에 금이 가면 망상이 들어온다. 무릇 지킬만하거든 오로지 당신의 마음을 지키라. 불명확한 기도는 불명확한 결과를 가져온다. 기도할 때는 구걸하듯이 하지 말고 원하는 것만 명확하게 강조하라. 기도의 내용을 행동으로 최선을 다한 연후에 마지막으로 요청하는 것이 올바른 기도다.

원치 않는 삶이 그대에게 다가온다면 절대 마음으로 받아들이지 마라. 받아들이라 강요해도 절대로 동의하지 않는다면 그것은 저절로 물러나고 당신이 원하는 삶이 다가오게 될 것이다. 당신의 마음을 정할 사람은 오직 당신밖에 없음을 기억하라. 누구도 당신에게 원치 않는 삶을 강요할 수는 없다.

황금률을 실천하라. 대접받고 싶은 대로 남을 대접하라. 타인에게 사랑과 자비를 베풀 때 인간의 영성은 고차원으로 승화된다. 심은 대로 거두는 자연의 법칙은 영원하다. 자연의 법칙에는 우연과 기적은 없다. 원인과 결과가 비록 멀리 떨어져 있더라도 반드시 원인은 그에 상응하는 결과를 가져오는 법이다. 당신의 현재 모습은 당신의 '생각'과 '행동'이 모여 이뤄진 것이다.

우주의 영원한 진실은 '변화'에 있다. 이 세상에 변하지 않는 것은 오직 하나 '모든 것은 변한다'는 사실이다. 자연을 관찰하고 거기서 영감을 얻어라. 자연은 인간에게 진리를 가르치는 교과서요, 불멸의 경전이다. 자연의 법칙을 이해하는 만큼 인생의 비밀을 알 수 있다.

마음에 풍요가 넘칠 때 부는 그대의 것이 된다. 그대가 이미 가진 것들에 먼저 감사하라. 그대가 감사를 느끼고 표현하는 만큼 그대의 삶에도 풍요가 넘치리라.

나를 극복할 수 있다면 세상과 싸울 필요가 없다. 당신의 생각과 감정은 현실을 창조하는 연금술사다. 그대 마음이 두려움과 방황에서 벗어나 긍정과 확신, 신념과 열망으로 가득 채워진다면 성공은 이미 당신의 것이다.」

글을 다 쓰자 멀리서 한 여인이 나를 향해 다가왔다. 그녀는 하얗게 빛나는 드레스를 입었는데 손에는 꽃을 한 송이 들고 있었다. 모습이 점점 커지면서 다가왔다. 나는 그녀가 익숙한 사람이라는 것을 알 수 있었다. 곧이어 깊고 평안한 목소리가 들렸다.

"나폴레온, 참으로 장하구나. 이제 너는 약속한 일을 다 마무리 지었다. 머지않아 우리는 다시 만날 것이다. 평화와 사랑이 가득한 곳에서 새로운 여행을 하자꾸나."

나는 그분이 새어머니임을 금방 알았다. 내가 어머니에게 손을 내밀자 어머니는 내게 꽃을 주셨다. 꽃을 들고 바라보는데 누가 방문을 두드렸다. 방문을 돌아보다 문득 잠에서 깼다. 책상 위에는 〈성공철학 에센스〉가 적힌 종이가 놓여 있었다. 아내는 아침 식사가 준비됐다고 알려주었다.

나는 창밖에 비친 햇살을 바라보았다. 햇살은 영롱하게 빛나고 있었다. 〈성공철학 에센스〉를 바라보다 지나온 세월이 주마등처럼 지나갔다.

'이제 지구 학교에서 할 일은 모두 마쳤구나. 곧 새로운 항해가 시작되겠지!'

나폴레온 힐(Napoleon Hill)

현대 성공철학을 체계화한 사상가. 평생을 바쳐 인간 삶의 본질을 연구함으로써 '성공학'의 거장이 되었다.

기자였던 나폴레온 힐은 철강왕 앤드루 카네기를 만나면서 인생의 전환점을 맞는다. 카네기는 그 누구라도 따르고 실천할 수 있는 성공원리가 있다고 믿었고, 그러한 원리를 체계화하기 위해 위대한 인물들을 인터뷰할 것을 힐에게 제안했다.

힐은 카네기의 제안을 받아들였고, 1908년부터 1928년까지 20년에 걸쳐서, 앤드루 카네기가 건네준 500여 명을 직접 인터뷰하고 조사하여 성공의 원리를 정리하여, 20세기 최고의 성공 철학서로 평가받는 『The Law of Success』를 출간했다. 나폴레온 힐은 일생동안 연구와 강연, 저술 활동을 통해 미국을 비롯해 전 세계적으로 성공철학의 거장이 되었고, 특히 개인의 성취와 동기부여 분야에서 위대한 업적을 남겼다. 앤드루 카네기, 토머스 에디슨, 헨리 포드, 마셜 필드, 윌리엄 듀런트, 월터 크라이슬러 등 세계 최대 거부들의 경험이 성공철학의 밑바탕이 되었다.

그의 주요 저서 『Think and Grow Rich』, 『The Law of Success』는 오늘날까지도 베스트셀러 자리를 차지하고 있으며, 전 세계적으로 1억 부 이상 팔려나갔다. 또한, 1960년에는 성공을 위한 실천 프로그램 PMA(Positive Mental Attitude)를 완성하여 보급하였으며, 1970년 사우스캐롤라이나에서 88세의 일기로 생을 마감했다.

1883년 버지니아에서 탄생

1893년 새어머니와 만남

1908년 앤드루 카네기가 성공철학 집필을 제안함

1919년 황금률 매거진(Golden Rule Magazine) 발행

1921~1923년 나폴레온 힐의 매거진(Napoleon Hill's Magazine) 발행

1928년 성공의 법칙(Law of Success) 출간

1933~36년 프랭클린 루스벨트 대통령 보좌관

1937년 생각하라 그러면 부를 얻게 되리라(Think and Grow Rich) 출간

1952~62년 클레멘트 스톤을 만나, 성공의 과학(Science of Success) 교육 프로그램을 진행

1960년 긍정적인 마음 자세를 통한 성공(Success Through a Positive Mental Attitude) 출간

1970년 사우스캐롤라이나에서 세상과 작별하다

Napoleon Hill